Android Apps mit HTML, CSS und JavaScript

Android Apps mit HTML, CSS und JavaScript

Jonathan Stark

*Deutsche Übersetzung
von Lars Schulten*

O'REILLY®

Beijing · Cambridge · Farnham · Köln · Sebastopol · Tokyo

Kommentare und Fragen können Sie gerne an uns richten:
O'Reilly Verlag
Balthasarstr. 81
50670 Köln
E-Mail: kommentar@oreilly.de

Copyright der deutschen Ausgabe:
© 2011 by O'Reilly Verlag GmbH & Co. KG
1. Auflage 2011

Die Originalausgabe erschien 2010 unter dem Titel
Building Android Apps with HTML, CSS and JavaScript bei O'Reilly Media, Inc.

Die Darstellung eines Hammerhuhns im Zusammenhang mit dem
Thema Android-Entwicklung ist ein Warenzeichen von O'Reilly Media, Inc.

Bibliografische Information Der Deutschen Nationalbibliothek
Die Deutsche Nationalbibliothek verzeichnet diese Publikation in der
Deutschen Nationalbibliografie; detaillierte bibliografische Daten
sind im Internet über *http://dnb.d-nb.de* abrufbar.

Übersetzung und deutsche Bearbeitung: Lars Schulten, Köln
Lektorat: Christine Haite, Köln
Korrektorat: Friederike Daenecke, Zülpich
Satz: Thilo Bollmann, Reemers Publishing Services GmbH, Krefeld, *www.reemers.de*
Umschlaggestaltung: Karen Montgomery, Boston
Produktion: Andrea Miß, Köln
Belichtung, Druck und buchbinderische Verarbeitung:
Druckerei Kösel, Krugzell; *www.koeselbuch.de*

ISBN 978-3-89721-573-3

Dieses Buch ist auf 100% chlorfrei gebleichtem Papier gedruckt.

Für Erica & Cooper

Inhalt

Einleitung

Dank Handys sind wir von einer Phase, in der fast niemand Zugang zu Informationen hatte, in eine Phase gelangt, in der beinahe jeder auf die gewaltigen Ressourcen des Webs zugreifen kann. Das ist vielleicht die größte Leistung unserer Generation. Trotz ihrer allumfassenden Bedeutung steckt die mobile Informationsinfrastruktur immer noch in den Kinderschuhen. Technische, finanzielle und politische Kräfte sorgen für eine beispiellose Fragmentierung der Plattformen – und es ist zu befürchten, dass das zunächst einmal noch schlimmer wird.

Entwickler, die große und heterogene Gruppen von Personen ansprechen müssen, stehen vor einer scheinbar unüberwindlichen Herausforderung: »Wie implementieren wir unsere mobile Vision auf machbare und finanzierbare Weise und erreichen mit ihr eine möglichst große Zahl von Teilnehmern?« In vielen Fällen sind Webtechnologien die Lösung. Die Kombination der Fortschritte von HTML5 und von Mobilgeräten hat eine Umgebung geschaffen, in der auch unerfahrene Entwickler mobile Anwendungen erstellen können, die das Leben von Menschen auf der ganzen Erde erleichtern können.

Googles Android-Betriebssystem ist eine faszinierende Ergänzung im Raum mobiler Informationsverarbeitung. Im wahren Google-Geiste ist die Plattform offen, frei und höchst interoperabel. Die Entwicklungswerkzeuge sind ausgereift und mächtig, wenn auch etwas geekhaft, und sie laufen auf einer Vielzahl von Plattformen.

Telekommunikationsunternehmen und Gerätehersteller sind auf den Android-Zug aufgesprungen. Immer mehr Android-Geräte der unterschiedlichsten Formen und Größen strömen auf den Markt. Für Entwickler ist das eine zweischneidige Angelegenheit. Einerseits bedeuten mehr Geräte auch einen größeren Markt. Andererseits bedeuten mehr Geräte auch mehr Fragmentierung. Der Fragmentierung im Android-Markt können Sie ebenso wie der Fragmentierung im allgemeinen Markt mobiler Technologien dadurch begegnen, dass Sie Apps mit HTML, CSS und JavaScript erstellen.

Natürlich sind nicht alle Anwendungsfälle für eine Entwicklung mit Webtechnologien geeignet. Aber andererseits sind mir schon eine Menge mit nativem Code geschriebene Apps begegnet, die sich ebenso gut mit HTML hätten implementieren lassen. Wenn ich mit Entwicklern spreche, die sich nicht sicher sind, welches Verfahren sie wählen sollen, sage ich ihnen Folgendes:

Wenn Sie Ihre App mit HTML, CSS und JavaScript erstellen können, sollten Sie das wahrscheinlich auch tun.

Der Einsatz offener, standardbasierter Webtechnologien bietet Ihnen die größte Flexibilität, die größte Reichweite und die geringsten Kosten. Sie können die App problemlos als Web-App veröffentlichen und dann im Betrieb mit Tausenden realen Anwendern testen und debuggen. Wenn Sie so weit sind, können Sie PhoneGap nutzen, um Ihre Web-App in eine native Android-App zu konvertieren, nach Bedarf einige gerätespezifische Funktionen ergänzen und die App dann auf dem Android Market einreichen oder auf Ihrer Website zum Download bereithalten. Klingt gut, nicht wahr?

Wer dieses Buch lesen sollte

Ich setze voraus, dass Sie gewisse Erfahrung im Umgang mit HTML, CSS und JavaScript (insbesondere mit jQuery haben). Kapitel 5, »Clientseitige Datenspeicherung«, enthält einfachen SQL-Code. Eine gewisse Vertrautheit mit der SQL-Syntax wäre also ebenfalls hilfreich, ist aber nicht unbedingt erforderlich.

Was Sie für dieses Buch brauchen

Dieses Buch vermeidet das Android SDK, wo immer es geht. Für den größten Teil der Beispiele benötigen Sie nur einen Texteditor und Google Chrome (einen brandaktuellen Webbrowser, den Sie für Mac und Windows unter *http://www.google.com/chrome* herunterladen können). Das Android SDK benötigen Sie nur für das PhoneGap-Material in Kapitel 7, »Native Apps«, in dem ich erläutere, wie Sie Ihre Web-App in eine native App umwandeln, die Sie auf dem Android Market einreichen können.

Typografische Konventionen

In diesem Buch werden die folgenden typografischen Konventionen verwendet:

Kursiv
> Kennzeichnet neu eingeführte Begriffe, URLs, E-Mail-Adressen, Dateinamen und Dateinamenserweiterungen.

`Nichtproportionalschrift`
> Wird für Codebeispiele und im Fließtext für Programmelemente wie Variablen- oder Funktionsnamen, Datenbanken, Datentypen, Umgebungsvariablen und Schlüsselwörter verwendet.

`Nichtproportionalschrift fett`
> Kennzeichnet Befehle oder anderen Text, der wörtlich so eingegeben werden muss.

KAPITÄLCHEN
Verwenden wir für GUI-Elemente wie Menüeinträge, Buttons und andere Schaltflächen.

Nichtproportionalschrift kursiv
Kennzeichnet Text, der durch eigene oder aus dem Kontext zu erschließende Werte ersetzt werden muss.

Dieses Symbol zeigt einen Tipp, einen Hinweis oder eine allgemeine Anmerkung an.

Dieses Symbol zeigt eine Warnung an.

Verwendung der Codebeispiele

Dieses Buch ist dazu da, Sie darin zu unterstützen, Ihre Arbeit zu tun. Im Allgemeinen dürfen Sie die Quelltexte aus diesem Buch in Ihren Programmen und Dokumentationen nutzen. Sie brauchen uns nicht um Erlaubnis fragen, solange Sie keine erhebliche Menge an Code reproduzieren. Wenn Sie beispielsweise ein Programm schreiben, das Teile der Beispiele aus diesem Buch verwendet, brauchen Sie keine Genehmigung. Sollten Sie allerdings eine CD-ROM mit Beispielen aus O'Reilly-Büchern verkaufen oder verteilen, wird eine Erlaubnis benötigt. Das Beantworten von Fragen durch das Zitieren von Texten oder Listings aus diesem Buch ist ohne Genehmigung möglich. Sie brauchen aber eine Erlaubnis, wenn Sie große Teile dieses Buchs in die Dokumentation Ihres Produkts einfließen lassen. Wir begrüßen Quellenangaben, setzen sie aber nicht voraus. Quellenangaben beinhalten üblicherweise den Titel sowie Autor, Verlag und die ISBN, zum Beispiel: *Android Apps mit HTML, CSS und JavaScript.* Copyright 2010 O'Reilly Verlag, 978-3-89721-573-3.

Wenn Sie denken, Ihr Gebrauch der Programmbeispiele fiele nicht in die oben abgegebene Genehmigung, können Sie uns gern unter *permissions@oreilly.com* kontaktieren.

Danksagungen

Das Schreiben eines Buches ist Teamarbeit. Mein herzlichster Dank gilt den folgenden Personen für ihre großzügigen Beiträge.

Tim O'Reilly, Brian Jepson und den anderen Mitarbeitern von O'Reilly Media dafür, dass sie das Schreiben dieses Buches zu einer so lohnenden und lehrreichen Erfahrung machten.

David Kaneda für sein wunderbar obsessives Streben nach Schönheit. Ob es etwas Code oder eine Animation der Benutzeroberfläche ist, es lässt ihm keine Ruhe, bis die Sache perfekt ist. Das gefällt mir.

Der Mannschaft bei Nitobi, die PhoneGap geschaffen hat und weiterhin unterstützt.

Brian Fling, der meinen Blick auf das Mobile über die Begeisterung für die neueste und tollste Hardware erweitert hat. Brian kennt die Mobillandschaft seit den Anfangstagen. Er ist ein wunderbarer Autor und außerdem ein äußerst großzügiger Mensch.

PPK, John Gruber, John Allsopp und John Resig für ihre Beiträge zu den Technologien, die dieses Buch möglich gemacht haben, und für ihre Unterstützung eben dieser Technologien.

Joe Bowser, Brian LeRoux, Sara Czyzewicz und die Schar anderer Menschen, die großzügig Kommentare und Fragen auf der OFPS-Site zu diesem Buch anboten. Euer Feedback war äußerst hilfreich und willkommen.

Meiner wunderbaren Familie, meinen Freunden und Kunden für ihr Verständnis und ihre Unterstützung, während ich an die Tastatur gekettet war.

Und schließlich an Erica. Du machst alles möglich. Ich liebe dich!

Erste Schritte

Bevor wir uns ins Spiel stürzen, möchte ich kurz das Spielfeld skizzieren. In diesem Kapitel werde ich die wichtigsten Begriffe definieren, die Vor- und Nachteile der beiden wichtigsten Entwicklungsansätze vergleichen und Ihnen eine Schnelleinführung in die drei grundlegenden Webtechnologieen geben, die in diesem Buch eingesetzt werden.

Web-Apps im Vergleich zu nativen Apps

Zuerst möchte ich klären, was ich unter *Web-App* und *nativer App* verstehe, und die jeweiligen Vor- und Nachteile erörtern.

Was ist eine Webanwendung?

Die wichtigsten Kennzeichen einer Web-App sind, dass die Benutzerschnittstelle (UI) auf Basis von Standard-Webtechnologien aufgebaut ist, dass auf sie über eine URL (öffentlich, privat oder authentifizierungspflichtig) zugegriffen wird und dass sie für die Eigenarten mobiler Geräte optimiert ist. Eine Web-App wird nicht auf dem Gerät installiert, ist nicht im Android Market verfügbar und wurde nicht in Java geschrieben.

Was ist eine native App?

Im Unterschied dazu werden native Apps auf einem Android-Gerät installiert, haben Zugriff auf die Hardware (Lautsprecher, Beschleunigungssensor, Kamera usw.) und sind in Java geschrieben. Das entscheidende Kennzeichen einer nativen App ist jedoch, dass sie im Android Market verfügbar ist – eine Eigenschaft, die die Fantasie einer Horde von Software-Unternehmern weltweit in Wallung versetzte, mich eingeschlossen.

Vor- und Nachteile

Unterschiedliche Anwendungen stellen unterschiedliche Anforderungen. Einige Anwendungen sind besser für Webtechnologien geeignet als andere. Wenn Sie die Vor- und Nachteile der beiden Ansätze überblicken, werden Sie leichter und besser entscheiden können, welcher für Ihre Zwecke geeigneter ist.

Hier sind die Vorteile der Entwicklung von nativen Apps:

- Unmengen registrierte Kreditkartenbesitzer sind nur einen Klick entfernt.
- Sie können auf alle coolen Hardware-Funktionen des Geräts zugreifen.

Hier sind die Nachteile der Entwicklung nativer Apps:

- Sie müssen zahlen, wenn Sie Android-Entwickler werden wollen.
- Ihre App läuft nur auf Android-Geräten.
- Sie müssen mit Java entwickeln.
- Der Entwicklungszyklus ist umständlich (stete Wiederholung des Kreislaufs Entwickeln-Kompilieren-Verteilen).

Hier sind die Vorteile der Entwicklung von Web-Apps:

- Webentwickler können mit den ihnen vertrauten Entwicklungswerkzeugen arbeiten.
- Sie können die Ihre vorhandenen Webdesign- und Webentwicklungsfertigkeiten nutzen.
- Ihre App läuft auf jedem Gerät, das einen Webbrowser besitzt.
- Fehler können im laufenden Betrieb behoben werden.
- Der Entwicklungszyklus ist kurz.

Hier sind die Nachteile der Entwicklung von Web-Apps:

- Sie haben keinen Zugriff auf die coolen Hardware-Funktionen des Geräts.
- Sie müssen ein eigenes Zahlungssystem einrichten, wenn die Nutzung der App kostenpflichtig sein soll.
- Es kann kompliziert sein, komplexe UI-Effekte zu erzielen.

Welcher Ansatz ist für Sie der Richtige?

Jetzt wird es spannend. Dass ein Android-Gerät immer online ist, bewirkt, dass die Trennlinie zwischen Web-Apps und nativen Apps unscharf wird. Es gibt sogar einige wenig bekannte Funktionen des Android-Webbrowsers (siehe Kapitel 6, »Offline gehen«), die es Ihnen ermöglichen, eine Webanwendung bei Bedarf offline auszuführen. Außerdem entwickeln mehrere externe Projekte – PhoneGap ist das erwähnenswerteste – Lösungen, die es Webentwicklern ermöglichen, Web-Apps als native Apps für Android und andere Mobilplattformen zu verpacken.

Für mich ist das die optimale Mischung. Ich kann in der mir vertrauten Sprache entwickeln, das Produkt als reine Web-App (für Android und andere Geräte mit modernen Browsern) veröffentlichen und die gleiche Codebasis nutzen, um eine erweiterte native Version zu erstellen, die auf die Hardware des Geräts zugreifen und möglicherweise über den Android Market verkauft werden kann. Das ist eine ausgezeichnete Möglichkeit, ein »Premium-Modell« für Ihre App einzusetzen – Sie gewähren freien Zugriff auf die Web-App und verlangen Gebühren für die funktionsreichere native Version.

Kurzeinführung in die Webprogrammierung

Die drei Grundtechnologien, die wir zum Aufbau von Web-Apps nutzen werden, sind HTML, CSS und JavaScript. Wir werden uns alle drei kurz vornehmen, damit wir tatsächlich alle auf dem gleichen Stand sind, wenn wir uns an die interessanteren Dinge machen.

Einführung in HTML

Wenn Sie im Web surfen, betrachten Sie im Prinzip gewöhnliche Textdokumente, die sich auf dem Rechner anderer befinden. Der Text in einer normalen Webseite ist in HTML-Tags eingebettet, die Ihrem Browser die Struktur des Dokuments anzeigen. Diese Informationen nutzt der Browser, um zu entscheiden, wie die Inhalte sinnvollerweise angezeigt werden sollten.

Schauen Sie sich das Webseitenfragment in Beispiel 1-1 an. In der ersten Zeile steht der Text Hallo! in einem Satz von h1-Tags. Beachten Sie, dass das *Start-Tag* und das *End-Tag* etwas unterschiedlich sind: Das End-Tag enthält an zweiter Stelle einen Schrägstrich (/), das Start-Tag hingegen nicht.

Steht Text in h1-Tags, sagt das dem Browser, dass die eingeschlossenen Wörter eine Überschrift darstellen. Das veranlasst ihn, den Text in großen Buchstaben auf einer eigenen Zeile darzustellen. Es gibt auch h2-, h3-, h4-, h5- und h6-Überschriften-Tags. Je kleiner die Zahl ist, um so wichtiger ist die Überschrift. Der in ein h6-Tag eingebettete Text wird also kleiner dargestellt (weniger hervorstechend also) als Text in einem h3-Tag.

Auf das h1-Tag in Beispiel 1-1 folgen zwei Zeilen, die in p-Tags eingeschlossen sind. Diese bezeichnet man als Absatz-Tags. Browser zeigen jeden Absatz auf einer eigenen Zeile an. Ist der Absatz so lang, dass er die Breite des Browserfensters übersteigt, wird der Text umbrochen und auf der nächsten Zeile fortgesetzt. In beiden Fällen wird nach jedem Absatz eine leere Zeile eingefügt, um ihn vom folgenden Seitenelement abzuheben.

Beispiel 1-1: HTML-Auszug

```
<h1>Hallo!</h1>
<p>Danke, dass Sie sich die Zeit nehmen, meine Webseite zu besuchen.</p>
<p>Ich hoffe, sie gefällt Ihnen.</p>
```

Sie können HTML-Tags auch in andere HTML-Tags stecken. Beispiel 1-2 zeigt ein Tag für eine ungeordnete Liste (ul), das drei Listenelemente (li) enthält. In einem Browser erscheint das als Aufzählung, in der jedes Element auf einer eigenen Zeile steht. Wenn Sie ein Tag oder mehrere Tags in einem anderen Tag verschachtelt haben, nennt man die inneren Tags Kindelemente oder Kinder des Eltern-Tags. In diesem Beispiel sind also die li-Tags Kinder des ul-Tags.

Beispiel 1-2: Ungeordnete Liste

```
<ul>
    <li>Pizza</li>
    <li>Bier</li>
    <li>Hunde</li>
</ul>
```

Die bislang behandelten Tags sind alle Block-Tags. Das entscheidende Kennzeichen von Block-Tags ist, dass sie auf eigenen Zeilen angezeigt werden und rechts oder links von ihnen keine weiteren Elemente stehen. Deswegen werden Überschriften, Abschnitte und Listenelemente untereinander und nicht hintereinander auf der Seite dargestellt. Das Gegenstück zu einem Block-Tag ist ein Inline-Tag, das, wie der englische Name anzeigt, in einer Zeile erscheinen kann. Das Emphasis-Tag (em) ist ein Beispiel für ein Inline-Tag. Es sieht so aus:

```
<p>Ich hoffe, sie gefällt Ihnen <em>wirklich</em>.</p>
```

Der Urahn aller Inline-Tags – und wahrscheinlich die coolste Eigenschaft von HTML überhaupt – ist das a-Tag. Das »a« steht für *Anker*, aber ich werde das Tag gelegentlich auch als *Link* oder *Hyperlink* bezeichnen. Text, der in einem Anker-Tag steht, kann angeklickt werden, und das Anklicken bewirkt, dass der Browser eine neue HTML-Seite lädt.

Um dem Browser zu sagen, welche neue Seite er laden soll, müssen wir dem Tag ein sogenanntes Attribut hinzufügen. Attribute sind benannte Werte, die Sie in ein Start-Tag einfügen können. In einem Anker-Tag nutzen Sie das Attribut href, um den Ort der Zielseite anzugeben. Hier ist ein Link auf die Google-Homepage:

```
<a href="http://www.google.de/">Google</a>
```

Sollten Sie es nicht gewohnt sein, so mit HTML zu arbeiten, könnte Ihnen das etwas chaotisch vorkommen. Trotzdem sollten Sie aus dem Zeichensalat die URL der Google-Homepage herausfischen können. In diesem Buch werden Sie eine Menge a-Tags und href-Attribute sehen. Nehmen Sie sich also einen Augenblick Zeit, um Ihren Kopf und Ihre Augen damit vertraut zu machen, falls Ihnen das nicht auf den ersten Blick einleuchtet.

 Bei Attributen muss man verschiedene Dinge beachten. Die unterschiedlichen HTML-Tags unterstützen unterschiedliche Attribute. Sie können einem Start-Tag mehrere Attribute hinzufügen, indem Sie sie mit Leerzeichen voneinander abgrenzen. End-Tags dürfen nie Attribute hinzugefügt werden. Es gibt Hunderte möglicher Kombinationen von Attributen und Tags, doch das ist kein Grund zur Sorge – wir werden uns im gesamten Buch mit nur rund einem Dutzend befassen müssen.

Das HTML-Fragment, das wir betrachtet haben, befände sich normalerweise im body-Abschnitt eines vollständigen HTML-Dokuments. Ein HTML-Dokument besteht aus zwei Abschnitten: dem Head und dem Body. Im Body geben Sie den Inhalt an, den Ihre Nutzer sehen sollen. Der Head enthält Informationen zur Seite, von denen die meisten für den Nutzer unsichtbar sind.

Body und Head stecken immer in einem html-Element. Beispiel 1-3 zeigt unser Fragment im Kontext eines ordentlichen HTML-Dokuments. Im Augenblick enthält der head-Abschnitt nur ein `title`-Element, das dem Browser sagt, welchen Text er in der Titelleiste des Fensters anzeigen soll, und das `meta`-Element mit dem `charset`-Attribut, das dem Browser sagt, in welcher Zeichenkodierung das Dokument geschrieben wurde. Es ist erforderlich, damit der Browser Umlaute und andere spezielle Zeichen korrekt darstellt. Der Wert "utf-8" steht für die gängigste Unicode-Kodierung, die von allen modernen (und allen unten aufgeführten) Editoren unterstützt wird. Wenn Sie eine andere Kodierung, ISO 8859-1 beispielsweise, nutzen, müssen Sie den Attributwert entsprechend anpassen.

Beispiel 1-3: Ein vollständiges HTML-Dokument

```
<html>
    <head>
        <title>Meine umwerfende Seite</title>
        <meta charset="utf-8" />
    </head>
    <body>
        <h1>Hallo!</h1>
        <p>Danke, dass Sie sich die Zeit nehmen, meine Webseite zu besuchen.</p>
        <p>Ich hoffe, sie gefällt Ihnen.</p>
        <ul>
            <li>Pizza</li>
            <li>Bier</li>
            <li>Hunde</li>
        </ul>
    </body>
</html>
```

Wenn Sie Ihren Webbrowser einsetzen, betrachten Sie gewöhnlich Seiten, die im Internet gespeichert sind. Aber Browser können ebenso gut HTML-Dokumente anzeigen, die auf Ihrer lokalen Maschine gespeichert sind. Um Ihnen zu demonstrieren, was ich meine, lade ich Sie ein, einen Texteditor zu öffnen und den Code in Beispiel 1-3 einzugeben.

Den richtigen Texteditor wählen

Einige Texteditoren sind zum Schreiben von HTML nicht geeignet. Insbesondere sollten Sie Editoren meiden, die für das Rich-Text-Editing gedacht sind, wie Microsoft WordPad (Windows) oder TextEdit (Mac OS X). Editoren dieser Art können Ihre Dateien in anderen Formaten als Klartext speichern, wodurch Ihr HTML beschädigt wird. Wenn Sie mit TextEdit arbeiten müssen, speichern Sie Klartext, indem Sie FORMAT→IN REINEN TEXT UMWANDELN wählen. Unter Windows sollten Sie Notepad statt WordPad nutzen.

Wenn Sie nach einem guten Texteditor suchen, empfehle ich Ihnen für den Mac TextMate (*http://macromates.com/*). Es gibt einen Windows-Klon mit dem Namen E Text Editor (*http://www.e-texteditor.com/*).

Wenn Sie nach etwas Kostenlosem suchen, können Sie auf dem Mac Text Wrangler (*http://www.barebones.com/products/TextWrangler/*) herunterladen. Unter Windows haben Notepad2 (*http://www.flos-freeware.ch/notepad2.html*) und Notepad++ (*http://notepad-plus-plus.org/*) einen guten Ruf. Linux bringt von Haus aus eine ganze Sammlung von Texteditoren wie *vi*, *nano*, *emacs* und *gedit* mit.

Speichern Sie den Code aus Beispiel 1-3, nachdem Sie ihn eingegeben haben, auf Ihrem Desktop unter dem Namen *test.html*, und öffnen Sie ihn dann mit Chrome, indem Sie die Datei auf das Anwendungssymbol für Chrome ziehen oder Chrome öffnen und Datei →Datei öffnen wählen. Ein Doppelklick auf *test.html* funktioniert ebenfalls, könnte die Datei aber auch in einem Texteditor oder einem anderen Browser öffnen, je nachdem, wie Ihr System eingestellt ist.

 Auch wenn Sie nicht mit Mac OS X arbeiten, sollten Sie Chrome nutzen, wenn Sie Ihre Android-Web-Apps in einem Desktop-Browser testen, da Chrome von allen Desktop-Browsern dem mobilen Android-Browser am ähnlichsten ist. Chrome ist für Mac und Windows unter *http://google.de/ chrome* verfügbar.

Einführung in CSS

Wie Sie gesehen haben, stellen Browser bestimmte HTML-Elemente in spezifischer Form dar (Überschriften beispielsweise groß und fett, Abschnitte mit einer leeren Zeile danach und so weiter). Diese Darstellungsformen sind sehr elementar und sollen im Wesentlichen dafür sorgen, dass der Leser die Struktur und den Inhalt des Dokuments versteht.

Wenn Sie über diese einfache strukturbasierte Darstellung hinausgehen wollen, nutzen Sie *Cascading Style Sheets* (CSS). CSS ist eine Stylesheet-Sprache, d.h., eine Sprache, mit der Sie die sichtbare Darstellung eines HTML-Dokuments definieren können. Sie können mit CSS ganz einfache Dinge wie die Textfarbe, -größe und -art (fett, kursiv usw.) steuern, aber auch komplexe Dinge wie das Seitenlayout, Farbgradienten, Deckkraft und vieles mehr.

Beispiel 1-4 zeigt eine CSS-Regel, die dem Browser sagt, dass der gesamte Text im body-Element in der Farbe Rot darzustellen ist. In diesem Beispiel ist body der Selektor (das, was angibt, was von der Regel betroffen ist), und die geschweiften Klammern schließen die Deklaration (die Regel selbst) ein. Die Deklaration enthält einen Satz von Eigenschaften und ihre Werte. color ist die Eigenschaft, und red ist der Wert der Eigenschaft color.

Beispiel 1-4: Eine einfache CSS-Regel

```
body { color: red; }
```

Eigenschaftsnamen werden von der CSS-Spezifikation definiert. Das bedeutet, dass Sie sich nicht einfach welche ausdenken können. Jede Eigenschaft erwartet einen passenden Wert, und es gibt eine Menge geeigneter Werte und Formate für Werte für die einzelnen Eigenschaften.

Beispielsweise können Sie Farben mit vordefinierten Schlüsselwörtern wie red angeben oder indem Sie die HTML-Notation für Farbcodes verwenden, die eine hexadezimale Form nutzt: ein Doppelkreuzzeichen (#), auf das drei Paare hexadezimaler Ziffern (0–F) folgen, die (von links nach rechts) Rot-, Grün- und Blauwerte darstellen (Rot wird als #FF0000 geschrieben). Eigenschaften, die Maßangaben erwarten, können Werte wie 10px,

75% oder 1em erhalten. Beispiel 1-5 zeigt einige gängige Deklarationen. Der für die Eigenschaft background-color angegebene Farbcode entspricht dem CSS-Schlüsselwort »gray«.

Beispiel 1-5: Einige gängige CSS-Deklarationen

```
body {
    color: red;
    background-color: #808080;
    font-size: 12px;
    font-style: italic;
    font-weight: bold;
    font-family: Arial;
}
```

Es gibt unterschiedliche Arten von Selektoren. Wenn alle Ihre Hyperlinks (das a-Element) kursiv dargestellt werden sollen, können Sie Ihrem Stylesheet die folgende Regel hinzufügen:

```
a { font-style: italic; }
```

Wollen Sie die Darstellung granularer steuern und nur diejenigen Hyperlinks kursiv darstellen, die sich in einem h1-Tag befinden, können Sie Ihrem Stylesheet Folgendes hinzufügen:

```
h1 a { font-style: italic; }
```

Sie können auch angepasste Selektoren definieren, indem Sie Ihren Tags id- und/oder class-Attribute hinzufügen. Betrachten Sie das folgende HTML-Fragment:

```
<h1 class="laut">Hallo!</h1>
<p>Danke, dass Sie sich die Zeit nehmen, meine Webseite zu besuchen.</p>
<p>Ich hoffe, sie gefällt Ihnen.</p>
<ul>
    <li class="loud">Pizza</li>
    <li>Bier</li>
    <li>Hunde</li>
</ul>
```

Fügen wir dem CSS für dieses HTML .laut { font-style: italic; } hinzu, werden Hallo! und Pizza kursiv dargestellt, weil beide das class-Attribut loud haben. Der Punkt vor dem Selektor .laut ist wichtig – so sagen Sie mit CSS, dass eine Regel für HTML-Tags mit dem class-Attribut laut gilt. Lassen Sie den Punkt weg, sucht CSS nach einem laut-Tag, das es in diesem Fragment nicht gibt (das es in HTML nicht gibt, um genauer zu sein).

CSS über eine id anzuwenden, funktioniert ähnlich. Um dem Inhalt eines hervorheben-Absatz-Tags einen gelben Hintergrund zu geben, nutzen Sie die folgende Regel:

```
#hervorheben { background-color: yellow; }
```

Hier sagt das Symbol #, dass die Regel für ein HTML-Tag mit der ID hervorheben gilt.

Zusammenfassung: Sie können Elemente über den Tag-Namen (d.h. body, h1 oder p), über eine Klasse (d.h. .laut, .subtil, .fehler) oder über eine ID (d.h. #hervorheben, #login,

#aktion) auswählen. Und Sie können Ihre Selektoren spezifischer machen, indem Sie sie verketten (d.h. h1 a, body ul .laut).

Es gibt Unterschiede zwischen class und id. Nutzen Sie class-Attribute, wenn Sie auf einer Seite mehrere Elemente mit dem gleichen class-Wert haben. id-Werte hingegen müssen auf einer Seite eindeutig sein.

Als ich das zum ersten Mal lernte, habe ich mir überlegt, dass ich einfach immer class-Attribute nutzen werde, damit ich überhaupt nicht Gefahr laufen kann, dass eine ID in meinen Dokumenten doppelt vorkommt. Aber es ist erheblich schneller, Elemente über die ID zu wählen als über die Klasse. Es kann sich also auf die Leistung auswirken, wenn Sie zu viel mit Klassenselektoren arbeiten.

Ein Stylesheet anwenden

Jetzt beherrschen Sie die Grundlagen von CSS, fragen sich aber vielleicht, wie man ein Stylesheet auf eine HTML-Seite anwendet? Das ist eigentlich ganz einfach! Erst speichern Sie das CSS irgendwo auf Ihrem Server (gewöhnlich im gleichen Verzeichnis wie Ihre HTML-Datei, obwohl Sie sie ebenso gut in ein Unterverzeichnis stecken können). Dann binden Sie das Stylesheet im Head des HTML-Dokuments ein, wie Sie es in Beispiel 1-6 sehen. Das href-Attribut in diesem Beispiel gibt einen relativen Pfad an. Das bedeutet, es verweist auf eine Textdatei namens *screen.css* im gleichen Verzeichnis wie Ihre HTML-Seite. Sie können auch absolute Pfade nutzen, wie Sie es im Folgenden sehen:

http://example.com/screen.css

Wenn Sie Ihre HTML-Dateien auf Ihrem eigenen Rechner speichern, sollten Sie die Dinge einfach halten: Stecken Sie die CSS-Datei in das gleiche Verzeichnis wie die HTML-Datei, und nutzen Sie relative Pfade wie in Beispiel 1-6.

Beispiel 1-6: Ein CSS-Stylesheet einbinden

```html
<html>
    <head>
        <title>Meine umwerfende Seite</title>
        <meta charset="utf-8" />
        <link rel="stylesheet" href="screen.css" type="text/css" />
    </head>
    <body>
        <h1 class="laut">Hallo!</h1>
        <p>Danke, dass Sie sich die Zeit nehmen, meine Webseite zu besuchen.</p>
        <p>Ich hoffe, sie gefällt Ihnen.</p>
        <ul>
            <li class="laut">Pizza</li>
            <li>Bier</li>
            <li>Hunde</li>
        </ul>
    </body>
</html>
```

Beispiel 1-7 zeigt den Inhalt von *screen.css*. Sie sollten jene Datei am gleichen Ort speichern wie die HTML-Datei.

Beispiel 1-7: Ein einfaches Stylesheet

```
body {
    font-size: 12px;
    font-weight: bold;
    font-family: Arial;
}

a { font-style: italic; }
h1 a { font-style: italic; }

.laut { font-style: italic; }
#hervorheben { background-color: yellow; }
```

 Es sollte noch darauf hingewiesen werden, dass Sie auch Stylesheets einbinden können, die auf einer anderen Domain vorgehalten werden als der, unter der sich das HTML-Dokument befindet. Es gilt allerdings als sehr unhöflich, auf die Stylesheets anderer zu verweisen, ohne ihre Genehmigung einzuholen. Bitte verweisen Sie deswegen nur auf Ihre eigenen Stylesheets.

Als kompakten und gründlichen CSS-Crash-Kurs kann ich Ihnen wärmstens *CSS – kurz & gut (http://oreilly.de/catalog/9783897215481)* von Eric Meyer (O'Reilly) empfehlen. Eric Meyer ist die letzte Instanz in allem, was CSS betrifft, und dieses spezielle Buch ist so kurz, dass man es problemlos während des allmorgendlichen Staus lesen kann. (Es sei denn, Sie sitzen hinter dem Steuer, dann könnte es erheblich länger dauern – ich hatte doch nicht etwa »Crash-Kurs« gesagt?).

Einführung in JavaScript

Sie wissen jetzt, wie man ein Dokument mit HTML strukturiert und wie man seine visuelle Darstellung mit CSS ändert. Jetzt werden wir JavaScript einbringen, damit die Dinge in Bewegung kommen.

JavaScript ist eine Skriptsprache, die Sie in HTML-Seiten einbetten können, um sie interaktiver und angenehmer für den Nutzer zu machen. Beispielsweise können Sie JavaScript schreiben, das die Werte in einem Formular darauf prüft, ob sie gültig sind. Oder Sie können JavaScript nutzen, um Elemente der Seite anzuzeigen oder zu verbergen, je nachdem, worauf der Nutzer klickt. JavaScript kann sogar mit dem Webserver in Verbindung treten und z.B. Änderungen an einer Datenbank vornehmen, ohne dass dazu die aktuelle Seite neu geladen werden muss.

Wie jede moderne Skriptsprache bietet JavaScript Variablen, Arrays, Objekte und alle gängigen Kontrollstrukturen (z.B. `if`, `while`, `for`). Beispiel 1-8 zeigt ein JavaScript-Fragment, das einige der grundlegenden Konzepte der Sprache illustriert.

Beispiel 1-8: Grundlagen der JavaScript-Syntax

```javascript
var nahrung = ['Äpfel', 'Bananen', 'Orangen']; ❶
for (var i=0; i<nahrung.length; i++) { ❷
  if (nahrung[i] == 'Äpfel') { ❸
    alert(nahrung[i] + ' mag ich am liebsten!'); ❹
  } else {
    alert(nahrung[i] + ' schmecken auch.'); ❺
  }
}
```

Hier ist eine Erläuterung dessen, was dort passiert:

❶ Definiert ein *Array* (eine Wertliste) namens nahrung, das drei Elemente enthält.

❷ Leitet eine gewöhnliche for-Schleife ein, die eine Variable namens i mit 0 initialisiert, ein Beendigungskriterium angibt – hier, wenn i größer als die Länge des Arrays nahrung ist – und i bei jedem Schleifendurchlauf um 1 erhöht. (i++ ist eine Kurzform für: »Füge dem aktuellen Wert von i 1 hinzu«.)

❸ Ein Standard-if, das prüft, ob das aktuelle Element des Arrays gleich Äpfel ist.

❹ Wird angezeigt, wenn das aktuelle Element des Arrays gleich Äpfel ist.

❺ Wird angezeigt, wenn das aktuelle Element des Arrays *nicht* gleich Äpfel ist.

Achten Sie auf folgende Aspekte der JavaScript-Syntax:

- Anweisungen werden mit einem Semikolon (;) beendet.
- Code-Blöcke werden in geschweifte Klammern ({}) eingeschlossen.
- Variablen werden mit dem Schlüsselwort var deklariert.
- Auf Array-Elemente kann mit der Eckige-Klammern-Notation ([]) zugegriffen werden.
- Die Zuweisung der Array-Schlüssel beginnt bei 0.
- Das einfache Gleichheitszeichen (=) ist der Zuweisungsoperator (weist einer Variablen einen Wert zu).
- Das doppelte Gleichheitszeichen (==) ist der logische Äquivalenzoperator (vergleicht zwei Werte und wird mit wahr ausgewertet, wenn die beiden Werte äquivalent sind).
- Das Pluszeichen (+) ist der Verkettungsoperator für Strings (kombiniert zwei Strings).

Die für unsere Zwecke wichtigste Eigenschaft von JavaScript ist, dass es mit den Elementen auf einer HTML-Seite interagieren kann (die coolen Jungs bezeichnen das als »DOM-Manipulation«). Beispiel 1-9 zeigt ein einfaches JavaScript-Beispiel, das einen Text ändert, wenn der Nutzer auf das h1-Element klickt.

 DOM steht für *Document Object Model* und bezeichnet in diesem Zusammenhang die Art und Weise, wie ein Browser eine HTML-Seite interpretiert. Mehr über das DOM erfahren Sie hier: *http://en.wikipedia.org/wiki/Document_Object_Model*.

Beispiel 1-9: Ein einfacher Onclick-Handler

```html
<html>
    <head>
        <title>Meine umwerfende Seite</title>
        <meta charset="utf-8" />
        <script type="text/javascript" charset="utf-8"> ❶
            function sagHallo() { ❷
                document.getElementById('foo').innerHTML = 'Hallo!'; ❸
            } ❹
        </script> ❺
    </head>
    <body>
        <h1 id="foo" onclick❻="sagHallo()">Klick mich!</h1>
    </body>
</html>
```

Hier ist die Erläuterung:

❶ Ein Script-Block im Head eines HTML-Dokuments.

❷ Diese Zeile im Script-Block definiert eine JavaScript-Funktion namens sagHallo().

❸ Die sagHallo()-Funktion enthält nur eine einzige Anweisung, die den Browser anweist, im Dokument nach einem Element mit der ID foo zu suchen und seinen HTML-Inhalt auf Hallo! zu setzen. Das bewirkt im Browser, dass der Text »Klick mich!« durch den Text »Hallo!« ersetzt wird, wenn der Nutzer auf das entsprechende h1-Element klickt.

❹ Ende der Funktion sagHallo().

❺ Ende des Script-Blocks.

❻ Das onclick- Attribut des h1-Elements sagt dem Browser, was er tun soll, wenn der Nutzer auf das h1-Element klickt. In diesem Fall soll er die Funktion sagHallo() ausführen.

Im düsteren Mittelalter der Webentwicklung boten die unterschiedlichen Browser unterschiedliche Unterstützung für JavaScript. Das hieß, dass Code, der in Safari 2 lief, nicht notwendigerweise auch im Internet Explorer 6 lief. Man musste ziemlich viel Aufwand treiben, um die einzelnen Browser (oder gar spezifische Versionen einzelner Browser) zu testen, wenn man sicherstellen wollte, dass der eigene Code tatsächlich in allen Browsern lief. Als die Zahl der Browser und Browser-Versionen wuchs, wurde es zunehmend unmöglich, den eigenen JavaScript-Code für alle Umgebungen zu testen und zu pflegen. Zu jener Zeit war die Webprogrammierung mit JavaScript die Hölle.

Dann kam jQuery. jQuery ist eine verhältnismäßig kleine JavaScript-Bibliothek, die es Ihnen ermöglicht, Ihren JavaScript-Code so zu schreiben, dass er auf die gleiche Weise in einer großen Vielzahl von Browsern läuft. Zusätzlich vereinfacht es auch noch eine Vielzahl von gängigen Aufgaben bei der Webentwicklung. Aus diesen Gründen nutze ich bei den meisten meiner Webentwicklungsaufgaben jQuery und werde es auch für die JavaScript-Beispiele in diesem Buch nutzen. Beispiel 1-10 ist eine jQuery-basierte Neufassung von Beispiel 1-9.

Beispiel 1-10: jQuery-Onclick-Handler

```
<html>
    <head>
        <title>Meine umwerfende Seite</title>
        <meta charset="utf-8" />
        <script type="text/javascript" src="jquery.js"></script> ❶
        <script type="text/javascript" charset="utf-8">
            function sagHallo() {
                $('#foo').text('Hallo!'); ❷
            }
        </script>
    </head>
    <body>
        <h1 id="foo" onclick="sagHallo()">Klick mich!</h1>
    </body>
</html>
```

❶ Diese Zeile schließt die *jquery.js*-Bibliothek ein. Sie nutzt einen relativen Pfad. Das heißt, dass sich die Datei im gleichen Verzeichnis befindet wie die Seite, die sie nutzt (dieses Beispiel funktioniert nicht korrekt, wenn die jQuery-Bibliothek, *jquery.js*, nicht vorhanden ist). Sie können sie jedoch auch direkt von unterschiedlichen Internetorten einbinden, an denen sie vorgehalten wird.

❷ Beachten Sie, wie deutlich der Code reduziert wurde, den wir benötigen, um den Text im h1-Element zu ersetzen. Bei einem derart trivialen Beispiel scheint das keine große Sache zu sein, aber ich kann Ihnen versichern, dass es bei komplexen Lösungen ein wahrer Lebensretter sein kann.

Später werden Sie noch eine Menge praxistauglicher jQuery-Beispiele sehen. Für den Augenblick werde ich es deswegen dabei belassen.

 jQuery-Downloads, -Dokumentation und -Einführungen finden Sie unter *http://jquery.com*. Wenn Sie jQuery so nutzen wollen, wie es Beispiel 1-9 zeigt, müssen Sie die Datei dort herunterladen, die heruntergeladene Datei (sie heißt *jquery-1.4.2.min.js* oder so ähnlich) in *jquery.js* umbenennen und eine Kopie in das Verzeichnis stecken, in dem sich auch Ihr HTML-Dokument befindet.

KAPITEL 2

Elementares Styling

Unser endgültiges Ziel ist, mit HTML, CSS und JavaScript eine native Android-App zu erstellen. Der erste Schritt auf dieser Reise besteht darin, dass wir uns damit vertraut machen, wie man HTML so stylt, dass es wie eine mobile App wirkt. In diesem Kapitel werde ich Ihnen zeigen, wie Sie CSS-Styles einsetzen, um bestehenden HTML-Seiten eine Gestalt zu geben, die für die Darstellung auf einem Android-Gerät angemessen ist. Sie nähern sich damit nicht nur dem Ziel, eine native Anwendung aufzubauen, sondern erwerben zugleich eine praktische (und wertvolle) Fertigkeit, die Sie unmittelbar einsetzen können.

Sie haben keine Website?

Sollten Sie Ihre Webseiten auf Ihrem lokalen Rechner testen, können Sie sie nicht auf Ihrem Android-Gerät betrachten. Dazu müssen Sie einen Server aufsetzen. Folgende Optionen stehen Ihnen zur Verfügung:

- Sie können Ihre Webseiten auf einem Webserver hosten und sich mit Ihrem Android-Gerät mit ihm verbinden. Es ist recht wahrscheinlich, dass Ihr *Internet Service Provider* (ISP) zusätzlich Webhosting bietet. In der Regel unterstützt das allerdings nur grundlegende Funktionen wie HTML. Wenn wir Kapitel 6, »Offline gehen«, erreichen, werden wir PHP nutzen müssen. PHP ist eine Skriptsprache, die auf einem Webserver läuft. Sie sollten deswegen nach einem preiswerten Webhoster suchen. Viele Unternehmen, wie Laughing Squid (*http://laughingsquid.us/*) bieten grundlegende Webdienste mit PHP-Unterstützung für zwischen 5 und 10 € im Monat.

- Sie können Ihre Webseiten auf einem Webserver hosten, der auf Ihrem eigenen Rechner läuft, und sich mit Ihrem Android-Gerät mit diesem Webserver verbinden. Das funktioniert aber nur, wenn sich Ihr Android-Gerät und Ihr Rechner im gleichen Drahtlosnetzwerk befinden.

Dieses Kapitel ist so aufgebaut, dass Sie die Beispiele ausprobieren können, während Sie es durcharbeiten. Ganz gleich, welche Option zur Betrachtung der Webseiten Sie wählen, laden Sie sie einfach neu in einem Browser (vorzugsweise dem Android-Browser), wenn Sie einem der Beispiele etwas Neues hinzufügen. Sie sollten allerdings darauf achten, dass

Sie Ihre Seiten im Texteditor gespeichert haben, bevor Sie sie mit dem Browser neu laden, denn sonst werden Sie keine Änderungen sehen.

Einen Webserver lokal ausführen

Alle aktuell relevanten Betriebssysteme (Linux, Windows, Mac OS X) bringen irgendeine Form von Webserver mit. Öffnen Sie unter Mac OS X die Systemeinstellungen, wählen Sie Sharing, und aktivieren Sie WEB-SHARING. Haben Sie das Web-Sharing gestartet, zeigen Ihnen die Web-Sharing-Einstellungen die URL Ihrer persönlichen Website an (diese schließt alles ein, dass Sie im *Websites*-Unterverzeichnis Ihres Benutzerverzeichnisses abgelegt haben). Die URL hat die Form `http://lokaler_Hostname/~Ihr_Benutzername`.

Unter einigen Linux-Versionen wie Ubuntu müssen Sie einige zusätzliche Schritte vornehmen, um einen Webserver zu installieren und zu aktivieren. Erst installieren Sie über die Kommandozeile mit dem Befehl `sudo aptitude install apache2` Apache. Dann aktivieren Sie das Benutzerverzeichnis-Modul mit `sudo a2enmod userdir`. Haben Sie das erledigt, starten Sie Apache mit folgendem Befehl neu: `sudo /etc/init.d/apache2 restart`. Anschließend können Sie in Ihrem Benutzerverzeichnis ein Verzeichnis mit dem Namen *public_html* erstellen und auf alle Dateien darin über eine URL der Form http://lokaler_Hostname/~Ihr_Benutzername zugreifen.

Unter Windows ist die Sache etwas komplizierter. Sie müssen eine Windows-Version nutzen, die die *Internet Information Services* (IIS) enthält. Diese aktivieren Sie über die WINDOWS-KOMPONENTEN HINZUFÜGEN ODER ENTFERNEN-Option der Systemsteuerungskomponente SOFTWARE. Nachdem Sie das getan haben, können Sie Ihre Webdokumente ins Dokumentenwurzelverzeichnis des IIS stecken, das sich üblicherweise unter *C:\inetpub\wwwroot* befindet. Wenn Sie auch unter Windows den Apache-Webserver vorziehen, sollten Sie sich eines der vorkonfigurierten Pakete wie EasyPHP (*http://www.easyphp.org/*) ansehen oder einen Blick auf die Wikipedia-Seite zu diesem Thema werfen: *http://en.wikipedia.org/wiki/Comparison_of_WAMPs*.

Erste Schritte

Theorie ist nett, aber da ich eher der »Red' nicht, zeig's mir«-Typ bin, sollten wir jetzt doch langsam mal zur Sache kommen.

Stellen Sie sich vor, Sie haben eine Webseite, die Sie »mobil machen« wollen (Abbildung 2-1). Wenn das der Fall ist, können Sie einige einfache Dinge tun, um eine Site für Android zu optimieren. In diesem Kapitel werde ich die Möglichkeiten durchgehen, die Ihnen zur Verfügung stehen.

Abbildung 2-2 zeigt, wie diese Webseite auf einem Android-Gerät aussieht. Man kann sie nutzen, aber auf die Anforderungen eines Android-Geräts ist sie eigentlich nicht zugeschnitten.

Beispiel 2-1 zeigt eine verkürzte Version der Website in Abbildung 2-2. Das ist das HTML, mit dem wir in diesem Kapitel arbeiten werden. Sie können es von der Webseite zum Buch (*http://www.oreilly.de/catalog/9783897215733*) herunterladen, wenn Sie sich selbst im Stylen versuchen wollen, während Sie das Kapitel durchgehen. Das Desktop-Stylesheet (*screen.css*) wird hier nicht gezeigt, da es nicht relevant ist. Aber Sie können das Stylesheet aus dem letzten Kapitel nehmen, wenn Sie etwas zum Spielen brauchen.

Abbildung 2-1: Die Desktop-Version einer Standard-Webseite in Chrome auf dem Desktop

Beispiel 2-1: Das HTML-Dokument, das wir stylen werden

```
<html>
<head>
  <link rel="stylesheet" href="screen.css" type="text/css" />
  <meta charset="utf-8" />
  <title>Jonathan Stark</title>
</head>
<body>
<div id="container">
  <div id="header">
    <h1><a href="./">Jonathan Stark</a></h1>
    <div id="utility">
        <ul>
            <li><a href="about.html">Info</a></li>
```

```
            <li><a href="blog.html">Blog</a></li>
            <li><a href="contact.html">Kontakt</a></li>
        </ul>
    </div>
    <div id="nav">
        <ul>
            <li><a href="consulting-clinic.html">Consulting-Klinik</a></li>
            <li><a href="on-call.html">Bereitschaftsdienst</a></li>
            <li><a href="development.html">Entwicklung</a></li>
            <li><a href="http://www.oreilly.com">O'Reilly Media, Inc.</a></li>
        </ul>
    </div>
</div>
<div id="content">
    <h2>Info</h2>
    <p>Jonathan Stark ist Webentwickler, Redner und Autor. Zu den Kunden seines Consulting-
        Unternehmen, Jonathan Stark Consulting, Inc., zählen unter anderem Staples, Turner
        Broadcasting und die PGA Tour.
        ...
    </p>
</div>
<div id="sidebar">
    <img alt="Manga-Portrait von Jonathan Stark"
        src="jonathanstark-manga-small.png"/>
    <p>Jonathan Stark ist Entwickler für Mobil- und Webanwendungen und wurde vom Wall Street
        Journal als Experte für die Veröffentlichung von Desktop-Daten im Web bezeichnet.</p>
</div>
<div id="footer">
    <ul>
        <li><a href="services.html">Dienste</a></li>
        <li><a href="about.html">Info</a></li>
        <li><a href="blog.html">Blog</a></li>
    </ul>
    <p class="subtle">Jonathan Stark Consulting, Inc.</p>
</div>
</div>
</body>
</html>
```

Jahrelang nutzten Webentwickler Tabellen, um Elemente in einem Raster anzuordnen. Fortschritte in CSS und HTML haben dieses Verfahren nicht nur überflüssig, sondern gar unerwünscht gemacht. Heutzutage nutzen wir hauptsächlich div-Elemente (mit einer Vielzahl von Attributen), um bei besseren Steuerungsmöglichkeiten das Gleiche zu erreichen. Obwohl eine vollständige Erklärung div-basierter Layouts den Horizont dieses Buches deutlich übersteigt, werden Sie beim Lesen dieses Buches viele Beispiele dafür finden. Wenn Sie mehr wissen wollen, sollten Sie das Buch *Designing with Web Standards* von Jeffrey Zeldman (New Rider Press) lesen, das das Thema mit großer Ausführlichkeit behandelt.

Abbildung 2-2: Desktop-Versionen von Webseiten sehen auf Android-Geräten ordentlich aus, aber das geht noch erheblich besser.

Ein separates Android-Stylesheet vorbereiten

Auch wenn ich ebenso DRY wie alle anderen bin, ist es im wahren Leben häufig empfehlenswert, einen klaren Trennstrich zwischen Desktop-Stylesheets und Android-Stylesheets zu ziehen. Glauben Sie mir einfach, und legen Sie zwei eigenständige Dateien an – das wird Sie ruhiger schlafen lassen. Die Alternative ist, alle CSS-Regeln in ein einziges Stylesheet zu zwängen, aber das ist aus mehreren Gründen wenig empfehlenswert. Der offensichtlichste Grund ist, dass Sie einen Berg irrelevanter Desktop-Style-Regeln an ein Handy versenden und damit wertvolle Bandbreite und Speicherplatz vergeuden.

 DRY steht für »Don't Repeat Yourself« (»Vermeiden Sie Wiederholungen«) und ist ein Prinzip der Softwareentwicklung, das besagt: »Jedes Wissenselement muss eine einzige, eindeutige und authoritative Repräsentation in einem System haben!« Der Begriff wurde von Andrew Hunt und David Thomas in ihrem Buch *The Pragmatic Programmer* (Addison-Wesley Professional) geprägt.

Um ein spezielles Stylesheet für Android anzugeben, ersetzen Sie das Link-Tag in unserem HTML-Beispiel durch eines mit den folgenden Ausdrücken:

```
<link rel="stylesheet" type="text/css"
    href="android.css" media="only screen and (max-width: 480px)" />
<link rel="stylesheet" type="text/css"
    href="desktop.css" media="screen and (min-width: 481px)" />
```

 max-width und min-width habe ich hier genutzt, damit Sie Ihren Desktop-Browser nur verkleinern müssen, um sich die mobile Version einer Seite anzusehen. Wenn Sie es vorziehen, dass Desktop-Nutzer unabhängig von der Größe Ihres Browserfensters das Stylesheet *desktop.css* erhalten, sollten Sie stattdessen max-device-width und min-device-width nutzen.

Die *Wireless Universal Resource File* (WURFL) enthält Informationen, die Sie nutzen können, um eine Vielzahl von Drahtlosgeräten zu identifizieren, Android-Geräte eingeschlossen. Wenn Sie Android-Geräte erkennen müssen, die größer als 480 px sind (Tablets beispielsweise), oder wenn Sie nicht möchten, dass die Mobilversion der Seite erscheint, wenn Nutzer ihr Browserfenster kleiner als 480 px machen, können Sie die WURFL PHP API nutzen, um spezifische Browser präzise zu erkennen. Mehr Informationen zu WURFL finden Sie im Anhang.

desktop.css ist das alte Desktop-Stylesheet, *android.css* eine neue Datei, die wir uns gleich gründlicher ansehen werden. Die Datei *desktop.css* ist nicht notwendig, aber wenn Sie möchten, können Sie das Stylesheet aus dem letzten Kapitel nutzen.

 Wenn Sie die Diskussion anhand des Beispieldokuments in Beispiel 2-1 nachvollziehen, müssten Sie *screen.css* eigentlich in *desktop.css* umbenennen. Aber da wir uns hier auf das Android-Stylesheet konzentrieren, können Sie es auch vollständig ignorieren. Kann es nicht geladen werden, wird sich Ihr Browser nicht weiter aufregen.

Aber wenn Sie Chrome nutzen möchten, um die Android-optimierte Version der Seite zu betrachten, sollten Sie den Verweis auf *desktop.css* durch einen Verweis auf *android.css* ersetzen. So wird immer die Android-Version der Seite geladen, unabhängig davon, ob Sie sie in einem Handy- oder einem Desktop-Browser aufrufen.

Unglücklicherweise versteht der Internet Explorer diese Ausdrücke nicht. Wir müssen also einen bedingten Kommentar einfügen (das, was fett dargestellt wird), der auf die Desktop-Version des CSS verweist:

```
<link rel="stylesheet" type="text/css"
    href="android.css" media="only screen and (max-width: 480px)" />
<link rel="stylesheet" type="text/css"
    href="desktop.css" media="screen and (min-width: 481px)" />
<!--[if IE]>
<link rel="stylesheet" type="text/css" href="explorer.css" media="all" /><![endif]-->
```

Jetzt wird es Zeit, dass Sie das HTML-Dokument bearbeiten (sollten Sie das nicht schon während des Lesens gemacht haben): Löschen Sie das vorhandene link-Element, das auf *screen.css* zeigt, und ersetzen Sie es durch die angegebenen Zeilen. So haben Sie freie Bahn für das Android-spezifische CSS in diesem Kapitel.

Die Skalierung der Seite steuern

Wenn Sie nichts anderes sagen, geht der Android-Browser davon aus, dass Ihre Seite 980 px breit ist (Abbildung 2-3). In den meisten Fällen funktioniert das wunderbar. Aber wenn Sie den Inhalt speziell für die kleineren Ausmaße eines Android-Handys formatieren, müssen Sie das dem Mobilbrowser sagen, indem Sie dem head-Element im HTML ein *viewport*-meta-Tag hinzufügen:

```
<meta name="viewport" content="user-scalable=no, width=device-width" />
```

 Desktop-Browser ignorieren das *viewport*-meta-Tag. Sie können es also einschließen, ohne dass Sie sich Gedanken über die Desktop-Version Ihrer Seite machen müssen.

Abbildung 2-3: Android geht davon aus, dass eine gewöhnliche Webseite 980 px breit ist.

Es reicht schon aus, das Desktop-Stylesheet zu unterdrücken und den Viewport zu konfigurieren, um Ihre Seiten für Android-Nutzer erheblich angenehmer zu gestalten (Abbildung 2-4). Aber wir wollen mehr als das: Wir wollen sie beeindrucken und werden dazu jetzt das Stylesheet *android.css* verwenden.

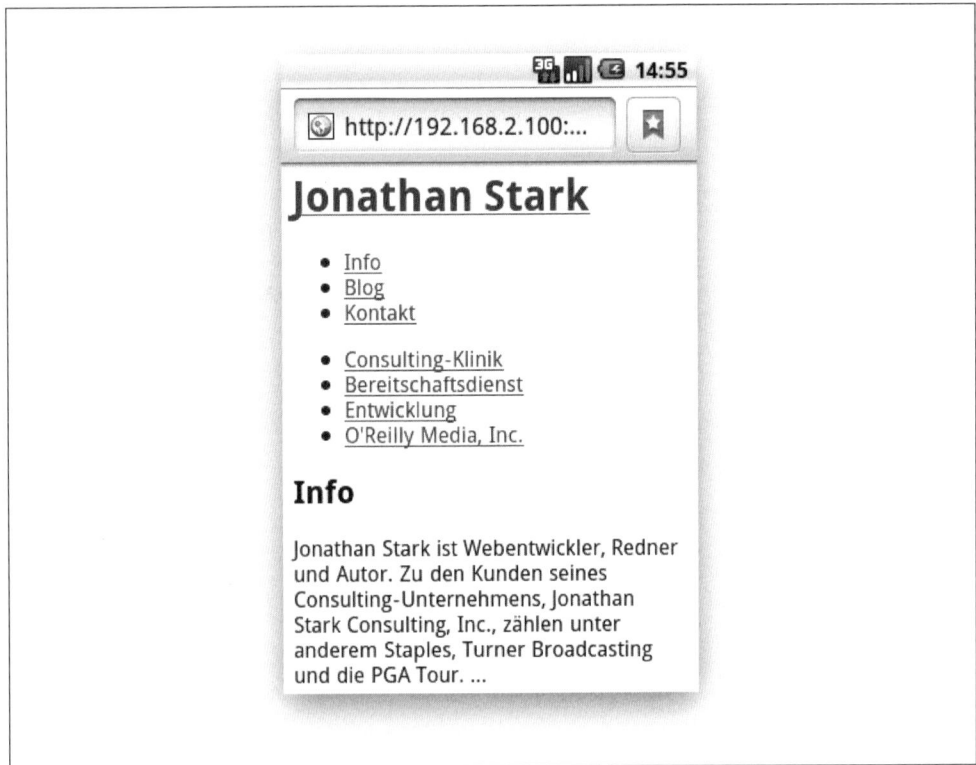

Abbildung 2-4: Setzen Sie »viewport« auf die Breite des Geräts, macht das Ihre Seiten auf Android erheblich lesbarer.

Wenn Sie die Viewport-Breite nicht setzen, wird die Seite beim Laden vergrößert. Es ist schwer, genau zu sagen, welche Vergrößerung dabei gewählt wird, da der Android-Browser eine Option bietet, die die Anpassung der Vergrößerung ermöglicht. Die Optionen sind KLEIN, MEDIUM (der Standard) und GROß. Auch wenn Sie die Viewport-Breite festlegen, wirken sich diese Benutzereinstellungen auf die Vergrößerung aus, mit der Ihre Anwendung dargestellt wird.

Das Android-CSS hinzufügen

Es gibt eine Reihe von UI-Konventionen (Benutzerschnittstellenkonventionen), die eine Android-App zu einer Android-App macht. In nächsten Abschnitt werden wir die charakteristische Titelleiste mit abgerundeten Ecken ergänzen, fingerfreundliche Links, die wie schimmernde Buttons aussehen usw. Erstellen Sie mit einem Texteditor Ihrer Wahl eine Datei namens *android.css*, und fügen Sie den Code ein, den Sie in Beispiel 2-2 sehen. Speichern Sie dann die Datei im gleichen Verzeichnis wie Ihr HTML-Dokument.

Beispiel 2-2: Einige allgemeine seitenweite Styles auf dem HTML-Body-Element

```
body {
    background-color: #ddd; /* Hintergrundfrage */
    color: #222;            /* Vordergrundfarbe für den Text */
    font-family: Helvetica;
    font-size: 14px;
    margin: 0;              /* Der Freiraum außerhalb des Bodys */
    padding: 0;             /* Der Freiraum innerhalb des Bodys */
}
```

 Text wird unter Android immer mit einer eigenen Schrift namens *Droid* dargestellt. Die Schriftfamilie *Droid* wurde speziell für die Verwendung auf mobilen Geräten geschaffen. Sie bietet ausgezeichnete Zeichensatzunterstützung und enthält drei Varianten: *Droid Sans, Droid Sans Mono* und *Droid Serif*. Die Schriftfamilie Helvetica, die wir angegeben haben, wird sich also nur auf anderen Geräten als Android-Geräten angezeigt.

Gehen wir jetzt das Header-div an, das den übergeordneten Verweis auf die Homepage enthält (d.h. den Logo-Link) sowie die primäre und sekundäre Site-Navigation. Der erste Schritt ist, den Logo-Link als eine anklickbare Titelleiste zu formatieren. Fügen Sie Folgendes der Datei *android.css* hinzu:

```
#header h1 {
    margin: 0;
    padding: 0;
}
#header h1 a {
    background-color: #ccc;
    border-bottom: 1px solid #666;
    color: #222;
    display: block;
    font-size: 20px;
    font-weight: bold;
    padding: 10px 0;
    text-align: center;
    text-decoration: none;
}
```

Wir werden die ul-Blöcke für die primäre und die sekundäre Navigation gleich formatieren, können also allgemeine Tag-Selektoren (d.h. #header ul) statt Tag-IDs (d.h. #header ul#utility, #header ul#nav) verwenden:

```
#header ul {
    list-style: none;
    margin: 10px;
    padding: 0;
}
#header ul li a {
    background-color: #FFFFFF;
    border: 1px solid #999999;
    color: #222222;
    display: block;
    font-size: 17px;
```

```
    font-weight: bold;
    margin-bottom: -1px;
    padding: 12px 10px;
    text-decoration: none;
}
```

Bislang war das recht simpel, nicht wahr? Mit ein paar Strichen CSS haben wir schon eine große Verbesserung des Android-Seiten-Designs erreicht (Abbildung 2-5). Fügen wir jetzt dem Inhalt und den Sidebar-divs etwas Padding hinzu, um den Text etwas vom Rand des Bildschirm abzurücken (Abbildung 2-6):

```
#content, #sidebar {
    padding: 10px;
}
```

 Vielleicht fragen Sie sich, warum wir das Padding dem Inhalt und den Sidebar-Elementen hinzugefügt haben, statt es global auf dem Body-Element selbst zu setzen. Der Grund dafür ist, dass man häufig Elemente hat, die vom einen Rand zum anderen gehen (wie die Kopfleiste in diesem Beispiel). Deswegen kann Padding auf dem Body oder einem anderen Element, das viele andere Elemente einschließt, mehr Ärger verursachen, als es wert ist.

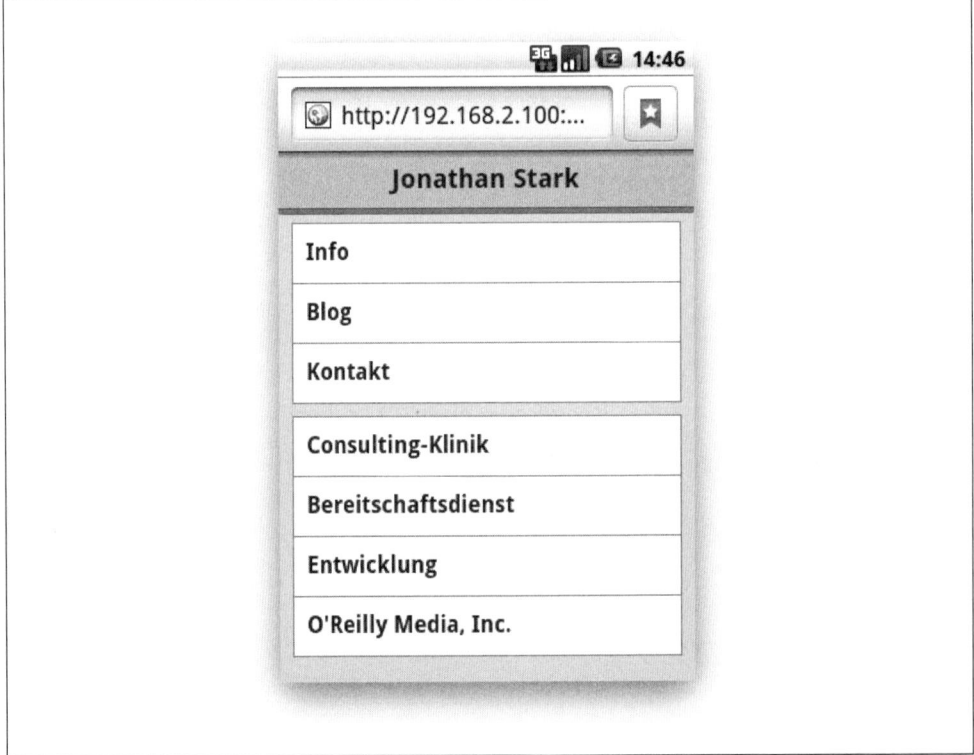

Abbildung 2-5: Mit etwas CSS können Sie viel erreichen, um die Nutzbarkeit Ihrer Android-App zu verbessern.

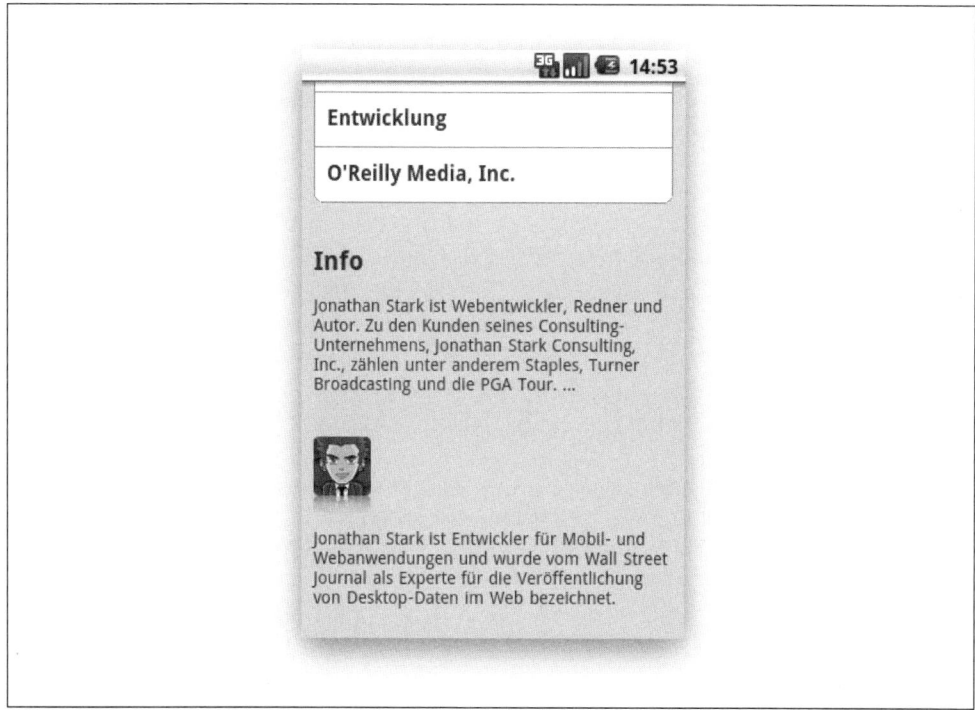

Abbildung 2-6: Text von den Rändern abrücken

Der Inhalt in der Fußleiste der Seite ist im Wesentlichen eine Kopie des Navigation-Elements (des ul-Elements mit der ID nav) oben auf der Seite. Wir können die Fußleiste also aus der Android-Version der Seite entfernen, indem wir display wie folgt auf none setzen:

```
#footer {
    display: none;
}
```

Das Android-Look-and-Feel einbringen

Es ist an der Zeit, etwas ausgefallener zu werden. Beginnen Sie oben auf der Seite, fügen Sie dem Text in der Kopfleiste einen ein Pixel breiten Schlagschatten hinzu und dem Hintergrund einen CSS-Gradienten:

```
#header h1 a {
    text-shadow: 0px 1px 1px #fff;
    background-image: -webkit-gradient(linear, left top, left bottom,
                              from(#ccc), to(#999));
}
```

Die Parameter in der text-shadow-Deklaration haben (von links nach rechts) folgende Bedeutung: horizontale Verschiebung, vertikale Verschiebung, Unschärfe und Farbe. Meist werden Sie genau die Werte anwenden, die Sie hier sehen, weil eben das auf

Android gut aussieht. Trotzdem ist es interessant, etwas mit `text-shadow` zu experimentieren, weil es Ihrem Design einen feinen, aber ausgefeilten Anstrich verleihen kann.

 Bei den meisten Browsern kann man auch einen Unschärferadius von 0 px angeben. Android jedoch verlangt von Ihnen, dass der Unschärferadius mindestens 1 px beträgt. Wenn Sie eine Unschärfe von 0 angeben, wird der Textschatten auf Android-Geräten nicht angezeigt.

Die `-webkit-gradient`-Zeile verdient besondere Beachtung. Dies ist eine Anweisung, die den Browser ein Gradientenbild erzeugen lässt. Deswegen können Sie CSS-Gradienten überall nutzen, wo Sie normalerweise eine `url()` angeben (z.B. für ein Hintergrund- oder ein List-Style-Bild). Die Parameter sind von links nach rechts: der Gradienttyp (kann `linear` oder `radial` sein), der Startpunkt des Gradienten (kann `left top`, `left bottom`, `right top` oder `right bottom` sein), der Endpunkt des Gradienten, die Ausgangsfarbe und die Zielfarbe.

 Sie können die horizontalen und vertikalen Teile der Konstanten für die Gradienten-Start- und -Zielpunkte nicht umkehren (d.h. `left top`, `left bottom`, `right top` oder `right bottom`). Anders gesagt: `top left`, `bottom left`, `top right` und `bottom right` sind ungültige Werte.

Der nächste Schritt ist, dass wir den Navigationsmenüs die traditionellen abrundeten Ecken geben:

```
#header ul li:first-child a {
    -webkit-border-top-left-radius: 8px;
    -webkit-border-top-right-radius: 8px;
}
#header ul li:last-child a {
    -webkit-border-bottom-left-radius: 8px;
    -webkit-border-bottom-right-radius: 8px;
}
```

Wie Sie sehen, nutzen wir für die eckspezifischen Versionen die `-webkit-border-radius`-Eigenschaft, um einen Radius von 8 Pixeln auf die beiden oberen Ecken des ersten Listenelements und die beiden unteren Ecken des letzten Listenelements anzuwenden (Abbildung 2-7).

Es wäre cool, wenn man den Radius für die Ecken des Rahmens einfach auf das umschließende `ul` anwenden könnte, aber das funktioniert nicht. Wenn Sie es ausprobieren, werden Sie sehen, dass die eckigen Ecken der untergeordneten Listenelemente über die abgerundeten Ecken des `ul`-Elements hinausragen und damit den Effekt negieren.

Wir könnten die abgerundeten Ecken um die Listen erzielen, indem wir den Radius auf das `ul` anwenden, wenn wir die Hintergrundfarbe des `ul`-Elements auf Weiß und den Hintergrund seiner Kindelemente auf Transparent setzen. Aber wenn der Nutzer auf das erste oder letzte Element der Liste klickt, wird die Hervorhebung quadratisch erscheinen, was schrecklich aussieht. Das Beste ist, Sie wenden die Rundung auf die a-Tags selbst an, wie ich es Ihnen gezeigt habe.

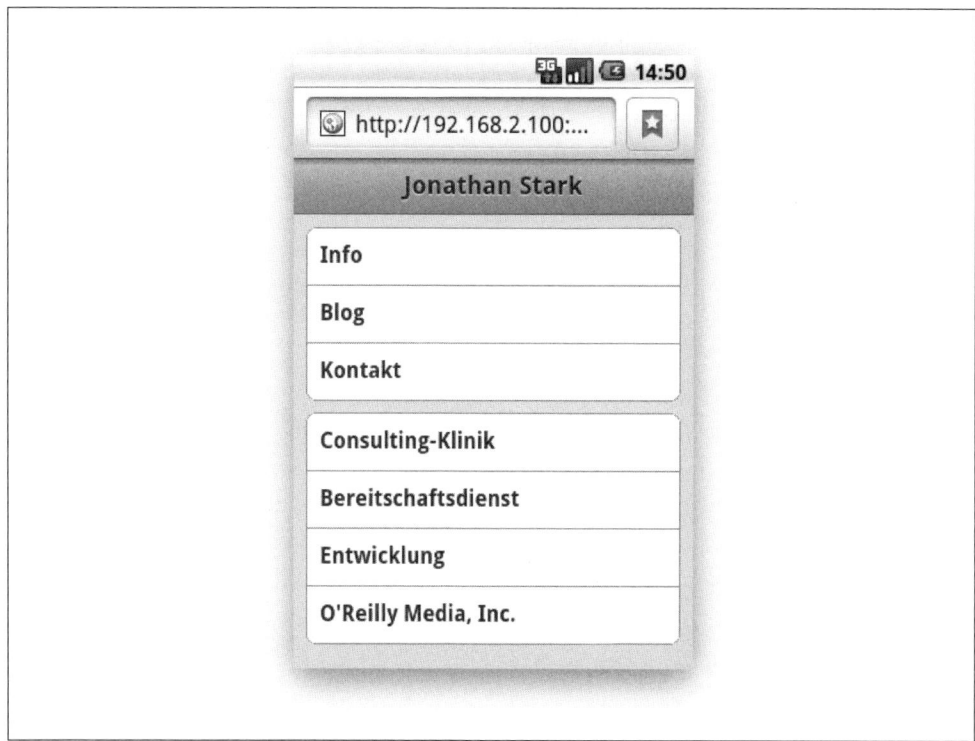

Abbildung 2-7: Gradienten, Textschatten und runde Ecken leiten die Umwandlung einer Web-App in eine nativ-wirkende Android-App ein.

Die :first-child- und :last-child-Ergänzungen an den Selektoren nennt man *Pseudoklassen*. Pseudoklassen sind eine spezielle Art von CSS-Selektor, der es Ihnen ermöglicht, Elemente zu wählen, die bestimmte implizite Kontextkriterien erfüllen. Anders gesagt, Sie können Dinge auf Basis von Kennzeichen formatieren – wie dem Ort des Erscheinens in einer Liste, ob sie Cursorfokus haben oder ob sie angeklickt wurden –, ohne dazu manuell Ihr Markup anpassen zu müssen. li:first-child beispielsweise wählt das erste li-Kind eines ul-Elements. Ohne die Pseudoklasse hätten wir dem ersten li manuell eine Klasse hinzufügen müssen, damit der Browser weiß, dass es das erste ist.

Mit jQuery erste Verhalten einführen

Der nächste Schritt ist, der Seite etwas JavaScript hinzuzufügen, damit wir dynamische Verhalten bieten können. Insbesondere werden wir es den Benutzern ermöglichen, den übermäßig großen Navigationsabschnitt in der Kopfzeile zu verbergen, damit sie ihn nur sehen, wenn sie es wollen. Dazu werden wir noch etwas CSS schreiben und dann etwas JavaScript einsetzen müssen, um das neue CSS auf das vorhandene HTML anzuwenden.

Werfen wir zunächst einen Blick auf das neue CSS. Schritt 1 ist, dass wir die ul-Elemente in der Kopfleiste verbergen, damit sie nicht angezeigt werden, wenn der Besucher die Seite lädt. Wenn Sie die Schritte zu Hause nachverfolgen, öffnen Sie Ihre *android.css*-Datei und fügen Sie ihr Folgendes hinzu:

```
#header ul.hide {
    display: none;
}
```

Das verbirgt erst etwas, wenn Sie den ul-Elementen die Klasse hide hinzufügen (das werden Sie gleich mit etwas JavaScript nachholen). Anschließend definieren Sie die Styles für den Button, der das Menü anzeigt und verbirgt. Das HTML für den Button haben wir noch nicht angelegt. Damit Sie es wissen - es wird so aussehen:

```
<div class="leftButton" onclick="toggleMenu()">Menu</div>
```

Ich werde das Button-HTML im Abschnitt ausführlicher beschreiben, fügen Sie die entsprechende Zeile also noch nicht in die HTML-Datei ein. Wichtig ist, dass Sie verstehen, dass das ein div mit der Klasse leftButton ist und dass es in die Kopfleiste eingefügt werden wird.

Hier ist die CSS-Regel für den Button (Sie können schon loslegen und sie der Datei *android.css* hinzufügen):

```
#header div.leftButton {
    position: absolute;❶
    top: 7px;
    left: 6px;
    height: 30px;❷
    font-weight: bold;❸
    text-align: center;
    color: white;
    text-shadow: rgba❹(0,0,0,0.6) 0px -1px 1px;
    line-height: 28px;❺
    border-width: 0 8px 0 8px;❻
    -webkit-border-image: url(images/button.png) 0 8 0 8;❼
}
```

 Die in diesem Kapitel verwendeten Abbildungen können Sie mit den Beispielen unter *http://examples.oreilly.de/catalog/9783897215733* herunterladen und aus dem Verzeichnis *images* kopieren. Stecken Sie diese Kopien in ein *images*-Unterverzeichnis des Verzeichnisses, das Ihr HTML-Dokument enthält (dazu werden Sie wahrscheinlich das Verzeichnis *images* erstellen müssen). Mit jQTouch werden wir uns in Kapitel 4, »Animationen«, ausführlich befassen.

❶ Beginnen wir oben. Diese Anweisung setzt die Position auf absolute, um das div aus dem Dokumentfluss zu entfernen. Das ermöglicht es Ihnen, die Koordinaten für die obere linke Ecke zu setzen.

❷ Setzt die Höhe auf 30 px, damit man leicht darauf tippen kann.

❸ Stylt den Text fett und weiß mit einem leichten Schlagschatten und im eigenen Inhaltsrechteck zentriert.

❹ Die Funktion `rgb` ist eine CSS-Alternative zur vertrauten Hexadezimalnotation, die üblicherweise zur Angabe von Farben genutzt wird (z.B. #FFFFFF). `rgb(255, 255, 255)` und `rgb(100%, 100%, 100%)` sind beide das Gleiche wie #FFFFFF. Vor Kurzem wurde zusätzlich die Funktion `rgba()` eingeführt, die die Angabe eines vierten Parameters ermöglicht, der den *Alpha-Wert* (d.h. die Deckkraft) der Farbe angibt. Dieser Parameter unterstützt Werte zwischen 0 und 1, wobei 0 gänzlich transparent und 1 vollständig undurchsichtig ist; dezimale Werte zwischen 0 und 1 werden durchscheinend dargestellt.

❺ Die `line-height`-Deklaration verschiebt den Text vertikal im Rahmenrechteck, damit er nicht unmittelbar gegen den oberen Rand stößt.

❻ Die Zeilen für `border-width` und `-webkit-border-image` verlangen eine etwas umfassendere Erläuterung. Gemeinsam ermöglichen Ihnen diese beiden Eigenschaften, den Rahmenbereichen eines Elements Ausschnitte eines einzigen Bildes zuzuweisen. Verändert sich die Größe des Inhaltsbereichs, weil der Text vergrößert oder verkleinert wird, wird auch die Größe des Bildes entsprechend angepasst. Das ist wirklich eine gute Sache, denn es bedeutet weniger Bilder, weniger Arbeit, weniger Bandbreite und kürzere Ladezeiten.Die `border-width`-Zeile sagt dem Browser, dass er oben einen Rahmen der Breite 0, rechts einen Rahmen von 8 px, unten einen Rahmen von 0 px und links wieder einen Rahmen von 8 px anwenden soll (d.h., die vier Parameter beginnen oben und laufen im Uhrzeigersinn um den Inhalt). Hier müssen wir für den Rahmen keinen Stil und keine Farbe angeben.

❼ Sind die Rahmenbreiten eingerichtet, können Sie das Rahmenbild anwenden. Die fünf Parameter sind von rechts nach links: die URL des Bildes, die Breite oben, die Breite rechts, die Breite unten und die Breite links (wieder von oben ausgehend im Uhrzeigersinn). Die URL kann absolut (*http://example.com/myBorderImage.png*) oder relativ sein. Relative Pfade basieren auf dem Ort des Stylesheets, nicht auf dem Ort der HTML-Seite, die das Stylesheet einschließt.

 Als mir die Eigenschaft für Rahmenbilder das erste Mal begegnete, schien es mir komisch, dass ich Rahmenbreiten angeben muss, obwohl ich das bereits mit der Eigenschaft `border-width` gemacht hatte. Nach einigen schmerzhaften Experimenten entdeckte ich, dass die Breiten in `border-image` keine Rahmenbreiten sind; es sind die Breiten, die aus dem Bild *zu schneiden* sind. Nehmen wir die rechte Seite als Beispiel. Mit dem entsprechenden Code sage ich dem Browser, dass er die linken 8 px des Bildes nehmen und auf die rechte Seite des Rahmens anwenden soll, die ebenfalls 8 px breit ist.

Man kann auch unvernünftige Dinge tun, beispielsweise die rechten 4 Pixel eines Bildes auf einen Rahmen anwenden, der 20 Pixel breit ist. Wenn das ordentlich funktionieren soll, müssen Sie die optional Parameter für `webkit-border-image` nutzen, die dem Browser sagen, was er mit dem Ausschnitt in der verfügbaren Breite des Rahmens anfangen soll (wiederholen, strecken, anpassen usw.). Ich probiere damit seit drei Jahren herum und habe dennoch keine vernünftige Lösung gefunden, das zu tun. Deswegen will ich hier keinen Platz damit verschwenden, diese verwirrende und unpraktische Option einer Funktion zu beschreiben, die andernfalls der Hammer wäre.

Gut. Jetzt wird es Zeit für etwas JavaScript. Zur Vorbereitung für das JavaScript, das Sie gleich schreiben werden, müssen Sie das HTML-Dokument anpassen, damit es *jquery.js* und *android.js* einschließt. Schließen Sie dazu diese Zeilen in den `head`-Abschnitt des HTML-Dokuments ein:

```
<script type="text/javascript" src="jquery.js"></script>
<script type="text/javascript" src="android.js"></script>
```

 jQuery-Downloads, -Dokumentationen und -Einführungen finden Sie unter *http://jquery.com*. Bevor Sie jQuery nutzen können, müssen Sie es dort herunterladen, die heruntergeladene Datei (die einen Namen wie *jquery-1.3.2.min.js* haben wird) in *jquery.js* umbenennen und in das Verzeichnis kopieren, in dem sich auch Ihr HTML-Dokument befindet.

Die wichtigste Aufgabe des JavaScripts in *android.js* ist, dass es dem Nutzer ermöglicht, die Navigationsmenüs ein- und auszublenden. Kopieren Sie das folgende JavaScript in eine Datei namens *android.js*, und speichern Sie diese im gleichen Verzeichnis wie die HTML-Datei:

```
if (window.innerWidth && window.innerWidth <= 480) {  ❶
    $(document).ready(function(){  ❷
        $('#header ul').addClass('hide');  ❸
        $('#header').append('<div class="leftButton"
            onclick="toggleMenu()">Menu</div>');  ❹
    });
    function toggleMenu() {
        $('#header ul').toggleClass('hide');  ❺
        $('#header .leftButton').toggleClass('pressed');  ❻
    }
}
```

❶ Der gesamte Codeblock ist in eine `if`-Anweisung eingepackt, die prüft, ob die Eigenschaft `innerWidth` des `window`-Objekts vorhanden ist (in einigen Versionen des Internet Explorers ist das nicht der Fall) und dass die Breite kleiner gleich 480 px ist (eine vernünftige Maximalbreite für die meisten Handys). Diese Zeile sorgt dafür, dass der Code nur ausgeführt wird, wenn die Seite mit einem typischen Android-Handy oder einem Gerät ähnlicher Größe besucht wird.

 Wenn Sie Ihre Android-Webseiten mit der Desktop-Version von Chrome testen, wie es in Abschnitt »Sie haben keine Website?« auf Seite 13 beschrieben wird, schlägt diese `if`-Anweisung fehl, wenn Ihr Browserfenster zu groß ist. Passen Sie die Größe des Fensters manuell so an, dass es so schmal wie möglich wird, und laden Sie die Seite dann neu.

❷ Hier haben wir die sogenannte *Document-Ready-Funktion*. Wenn Sie noch nie mit jQuery gearbeitet haben, kann diese Funktion etwas erschlagend wirken. Ich gebe zu, dass es eine Weile gedauert hat, bis ich mir die Syntax eingeprägt hatte. Aber es lohnt sich, dass Sie sich diese Zeit nehmen, da Sie sie häufig nutzen werden. Eigentlich sagt die Document-Ready-Funktion Folgendes: »Führe diesen Code aus, wenn das Dokument bereit ist.« Warum das wichtig ist, werden Sie gleich erfahren.

❸ Das ist typischer jQuery-Code, der damit beginnt, dass die uls in der Kopfleiste ausgewählt und ihnen die CSS-Klasse hide hinzugefügt wird. Erinnern Sie sich: hide ist der Selektor, den wir in unserem CSS oben genutzt haben. Das sichtbare Resultat der Ausführung dieser Zeile ist, dass die ul-Elemente in der Kopfleiste verborgen werden.

Hätten wir diese Zeile nicht in die Document-Ready-Funktion eingehüllt, wäre sie mit großer Wahrscheinlichkeit ausgeführt worden, bevor die uls überhaupt vollständig geladen gewesen wären. Das heißt, JavaScript würde geladen, diese Zeile aber würde fehlschlagen, weil die uls noch nicht existieren. Dennoch würde das Laden der Seite fortgesetzt, aber die uls würden erscheinen, und Sie würden sich den Kopf kratzen (oder auf Ihre Tastatur einschlagen) und sich wundern, warum das JavaScript nicht funktioniert.

❹ Hier hängen wir einen Button an die Kopfleiste, über den der Nutzer das Menü anzeigen oder verbergen kann (Abbildung 2-8). Die Klasse, die er hat, entspricht dem zuvor geschriebenen CSS .leftButton. Außerdem hat er einen onclick-Handler, der die Funkion toggleMenu() anzeigt, die wir gleich nachschieben werden.

Abbildung 2-8: Der »Menu«-Button wurde der Werkzeugleiste dynamisch mit jQuery hinzugefügt.

❺ Die Funktion `toggleMenu()` nutzt jQuerys `toggleClass()`, um auf dem ausgewählten Objekt die angegebene Klasse zu aktivieren bzw. zu deaktivieren. In dieser Zeile schalten wir die `hide`-Klasse für die `uls` in der Kopfleiste um.

❻ Hier schalten wir die `pressed`-Klasse auf dem `leftButton` in der Kopfleiste um.

Und bevor wir es vergessen: Wir haben das CSS für die Klasse `pressed` noch nicht geschrieben. Tun wir das jetzt. Öffnen Sie erneut die Datei *android.css*, und fügen Sie ihr Folgendes hinzu:

```
#header div.pressed {
    -webkit-border-image: url(images/button_clicked.png) 0 8 0 8;
}
```

Wie Sie sehen können, geben wir einfach ein anderes Bild für den Button-Rahmen an (das etwas dunkler ist). Das gibt dem Button den Anschein, als habe er zwei Zustände, und dies sollte es für den Benutzer offensichtlich machen, dass der Button das Menü sowohl anzeigen als auch verbergen kann (Abbildung 2-9). Abbildung 2-10 zeigt eine vergrößerte Darstellung der Seite, die das Menü und etwas Text anzeigt.

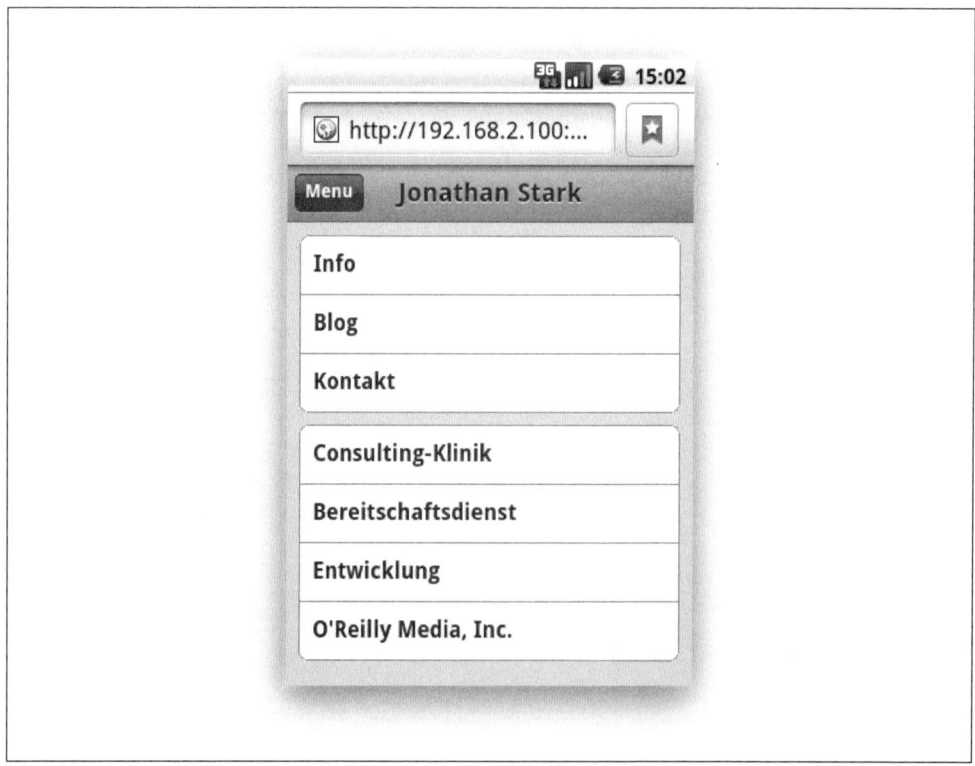

Abbildung 2-9: Der »Menu«-Button wird etwas dunkler angezeigt, wenn er gedrückt wurde.

Abbildung 2-10: Eine Gesamtansicht des vollständigen CSS für Android

Was Sie gelernt haben

In diesem Kapitel haben wir uns die Grundlagen für die Verwandlung einer bestehenden Webseite in ein Android-freundlicheres Format angesehen. Wir haben sogar etwas dynamisches HTML eingesetzt, um Navigationsfelder anzuzeigen und auszublenden. Im nächsten Kapitel werden wir auf diesen Beispielen aufbauen, während wir einige etwas fortgeschrittenere JavaScript-Konzepte erforschen; es warten insbesondere saftige Ajax-Leckereien.

KAPITEL 3

Fortgeschrittenes Styling

Während unseres Unternehmens, eine Android-App ohne Java aufzubauen, haben wir uns angesehen, wie man mit CSS eine HTML-Seite so stylt, dass sie wie eine Android-App *aussieht*. In diesem Kapitel werden wir die Grundlage dafür legen, diese Seite dazu zu bringen, sich auch wie eine Android-App zu *verhalten*. Im Einzelnen werden wir uns dabei folgende Dinge ansehen:

- wie man mit Ajax eine vollständige Website in eine einseitige App verwandelt
- wie man mit JavaScript einen ZURÜCK-Button mit Verlauf erstellt
- wie man die App als Symbol auf dem Home-Screen speichert

Einen Spritzer Ajax einbringen

Der Begriff Ajax *(Asynchronous JavaScript and XML)* ist zu einem derartigen Schlagwort geworden, dass ich fast schon nicht mehr weiß, was er eigentlich bedeutet. Im Kontext dieses Buches werde ich den Begriff Ajax für die Technik verwenden, mit JavaScript Anfragen an einen Webserver zu senden (z.B., um etwas HTML abzurufen oder ein Formular abzuschicken), ohne die aktuelle Seite dabei neu zu laden. Diese Technik macht die Arbeit mit einer Website bzw. Web-App angenehmer, erfordert aber, dass man eine Menge Räder neu erfindet.

Wenn Sie externe Seiten dynamisch laden, liefert der Browser dem Benutzer beispielsweise keine Hinweise zum Fortschritt oder zu Fehlern. Außerdem funktioniert der ZURÜCK-Button nicht mehr wie erwartet, wenn Sie nicht persönlich die Mühe auf sich nehmen, ihn zu unterstützen. Anders formuliert: Sie müssen eine Menge leisten, um eine Ajax-App wirklich schmackhaft zu machen. Aber diese zusätzlichen Mühen können sich tatsächlich rentieren, weil Ajax es Ihnen ermöglicht, dem Nutzer eine viel angenehmere Interaktion mit Ihrer App zu bieten.

Der Verkehrspolizist

Für die nächsten Beispiele werden wir eine Seite namens *android.html* schreiben, die vor allen anderen Seiten der Site sitzt. So soll es funktionieren:

1. Nach dem Laden präsentiert *android.html* dem Benutzer eine freundlich formatierte Version der Site-Navigation.

2. Dann werden wir jQuery nutzen, um die onclick-Aktionen der nav-Links abzufangen, damit der Browser, wenn der Benutzer auf einen Link klickt, *nicht* zum Ziel des Links navigiert. Stattdessen wird jQuery einen Teil des HTMLs der entfernten Seite laden und die entsprechenden Daten an den Nutzer ausliefern, indem die aktuelle Seite aktualisiert wird.

Wir werden mit der einfachsten funktionierenden Version des Codes beginnen und diese beim Fortschreiten verbessern.

Das HTML für die Wrapper-Seite *android.html* ist äußerst einfach (siehe Beispiel 3-1). Im head-Abschnitt setzen Sie die title- und viewport-Optionen und schließen die Links auf ein Stylesheet (*android.css*) und zwei JavaScript-Dateien ein: *jquery.js* und eine eigene JavaScript-Datei namens *android.js*.

 Sie müssen eine Kopie von *jquery.js* in das Verzeichnis kopieren, in dem sich die HTML-Datei befindet. Mehr Informationen dazu, wo Sie *jquery.js* finden und was Sie damit tun, finden Sie in . Das sollten Sie jetzt tun – bevor Sie mit diesem Kapitel fortfahren.

Der Body enthält bloß zwei div-Container: eine Kopfleiste mit einem anfänglichen Titel in einem h1-Tag sowie einen leeren div-Container, der später die HTML-Fragmente aufnimmt, die aus den anderen Seiten abgerufen werden.

Beispiel 3-1: Dieses einfache HTML-Wrapper-Markup wird später vor allen anderen Seiten der Site sitzen.

```
<html>
<head>
    <title>Jonathan Stark</title>
    <meta charset="utf-8" />
    <meta name="viewport" content="user-scalable=no, width=device-width" />
    <link rel="stylesheet" href="android.css" type="text/css" media="screen" />
    <script type="text/javascript" src="jquery.js"></script>
    <script type="text/javascript" src="android.js"></script>
</head>
<body>
    <div id="header"><h1>Jonathan Stark</h1></div>
    <div id="container"></div>
</body>
</html>
```

Wenden wir uns der Datei *android.css* zu. Wie Sie in Beispiel 3-2 sehen können, werden wir einige der Eigenschaften aus den letzten Beispielen in Kapitel 2, »Elementares Styling«, vermischen (d.h., einige der #header h1-Eigenschaften wurden in #header verschoben), aber im Ganzen sollte Ihnen die Sache vertraut erscheinen (falls nicht, sehen Sie sich noch einmal Kapitel 2, »Elementares Styling«, an).

Beispiel 3-2: Das Ausgangs-CSS für die Seite ist eine etwas angepasste Fassung der vorangegangenen Beispiele.

```css
body {
    background-color: #ddd;
    color: #222;
    font-family: Helvetica;
    font-size: 14px;
    margin: 0;
    padding: 0;
}
#header {
    background-color: #ccc;
    background-image: -webkit-gradient(linear, left top, left bottom,
        from(#ccc), to(#999));
    border-color: #666;
    border-style: solid;
    border-width: 0 0 1px 0;
}
#header h1 {
    color: #222;
    font-size: 20px;
    font-weight: bold;
    margin: 0 auto;
    padding: 10px 0;
    text-align: center;
    text-shadow: 0px 1px 1px #fff;
}
ul {
    list-style: none;
    margin: 10px;
    padding: 0;
}
ul li a {
    background-color: #FFF;
    border: 1px solid #999;
    color: #222;
    display: block;
    font-size: 17px;
    font-weight: bold;
    margin-bottom: -1px;
    padding: 12px 10px;
    text-decoration: none;
}
ul li:first-child a {
    -webkit-border-top-left-radius: 8px;
    -webkit-border-top-right-radius: 8px;
}
ul li:last-child a {
    -webkit-border-bottom-left-radius: 8px;
    -webkit-border-bottom-right-radius: 8px;
}
```

```
ul li a:active,ul li a:hover {
    background-color:blue;
    color:white;
}
#content {
    padding: 10px;
    text-shadow: 0px 1px 1px #fff;
}
#content a {
    color: blue;
}
```

Etwas darzustellenden Inhalt einrichten

Dieses JavaScript lädt ein Dokument namens *index.html* und funktioniert ohne eine entsprechende Datei nicht. Bevor Sie fortfahren, sollten Sie die HTML-Datei aus Beispiel 2-1 in das Verzeichnis kopieren, in dem sich auch *android.html* befindet, und darauf achten, dass Sie ihr den Namen *index.html* geben. Allerdings wird keiner der Links in dieser Datei funktionieren, bevor die entsprechenden Link-Ziele vorhanden sind. Sie können diese Dateien selbst erstellen oder den Beispielcode von der Website zum Buch (*http://www.oreilly.de/catalog/9783897215733*) herunterladen.

Wenn Sie wenigstens ein paar Links funktionsfähig machen wollen, damit Sie etwas zum Spielen haben, können Sie *about.html*, *blog.html* und *consulting-clinic.html* erstellen. Legen Sie dazu einfach ein paar Kopien von *index.html* an, und ändern Sie deren Namen so, dass sie den jeweiligen Links entsprechen. Wenn Sie die Wirkung etwas aufpolieren wollen, können Sie den Inhalt des h2-Tags in den Dateien an den jeweiligen Dateinamen anpassen. Beispielsweise würde das h2 in *blog.html* zu `<h2>Blog</h2>`.

Jetzt sollten Sie in Ihrem Arbeitsverzeichnis die folgenden Dateien haben:

android.html
: Diese Datei haben Sie in Beispiel 3-1 erstellt.

android.css
: Diese Datei haben Sie in Beispiel 3-2 erstellt.

index.html
: Eine Kopie der HTML-Datei aus Beispiel 2-1.

about.html
: Eine Kopie von *index.html* unter geändertem Namen, in der im h2 »Info« steht.

blog.html
: Eine Kopie von *index.html*, in der im h2 »Blog« steht.

consulting-clinic.html
: Eine Kopie von *index.html*, in der im h2 »Consulting-Klinik« steht.

Anfragesteuerung mit JavaScript

Das JavaScript in *android.js* ist der Ort, an dem alles geschieht, was an diesem Beispiel interessant ist. Erstellen Sie diese Datei im gleichen Verzeichnis wie die Datei *android.html*. Werfen Sie immer wieder einen Blick auf Beispiel 3-3, während wir es zeilenweise durchgehen.

Beispiel 3-3: Dieser Happen JavaScript in "android.js" wandelt die Links auf der Seite in Ajax-Anfragen um.

```
$(document).ready(function(){ ❶
    loadPage();
});
function loadPage(url) {❷
    if (url == undefined) {
        $('#container').load('index.html #header ul', hijackLinks);❸
    } else {
        $('#container').load(url + ' #content', hijackLinks);❹
    }
}
function hijackLinks() {❺
    $('#container a').click(function(e){❻
        e.preventDefault();❼
        loadPage(e.target.href);❽
    });
}
```

❶ Hier nutzen wir jQuerys Document-Ready-Funktion, um den Browser die Funktion `loadPage()` aufrufen zu lassen, wenn er den Aufbau der Seite abgeschlossen hat.

❷ Die Funktion `loadPage()` erwartet einen Parameter namens `url` und prüft (in der nächsten Zeile), ob ihr ein Wert übergeben wurde.

❸ Wird der Funktion kein Wert übergeben (was der Fall ist, wenn sie das erste Mal aus der Document-Ready-Funktion aufgerufen wird), ist `url` undefiniert. Dann wird diese Zeile aufgerufen. Diese und die folgende Zeile sind Beispiele für jQuerys `load()`-Funktion. Die `load()`-Funktion ist äußerst praktisch, wenn Sie einer Seite auf die Schnelle Ajax-Funktionalitäten spendieren wollen. Würden wir diese Zeile ins Deutsche übersetzen, würde sie ungefähr Folgendes sagen: »Hole alle `ul`-Elemente aus dem `#header`-Element von `index.html`, füge sie in das `#container`-Element der aktuellen Seite ein, und führe die Funktion `hijackLinks()` aus, wenn du das erledigt hast.«

 *index.html* verweist auf die Homepage der Site. Heißt Ihre Homepage anders, müssen Sie hier stattdessen diesen Dateinamen verwenden. Wenn Sie die Beispiele nacharbeiten, sollten Sie *index.html* verwendet haben.

❹ Das ist die Zeile, die ausgeführt wird, wenn der `url`-Parameter einen Wert hat. Sie sagt im Prinzip: »Hole das `#content`-Element der Seite unter der an die Funktion `loadPage()` übergebenen `url`, und füge es in das `#container`-Element der aktuellen Seite ein. Wenn du fertig bist, führe die Funktion `hijackLinks()` aus.«

❺ Hat die Funktion `load()` ihre Arbeit erledigt, enthält das #container-Element der aktuellen Seite das abgerufene HTML-Fragment. Dann führt `load()` die Funktion `hijackLinks()` aus.

❻ Auf dieser Zeile sucht `hijackLinks()` alle Links im neuen HTML-Fragment und bindet mit dem nachfolgenden Code einen Click-Handler an sie. Click-Handlern wird automatisch ein Event-Objekt übergeben, das wir mit dem Funktionsparameter e festhalten. Das Event-Objekt eines angeklickten Links enthält die URL der entfernten Seite in `e.target.href`.

❼ Normalerweise würde ein Webbrowser zu der neuen Seite navigieren, wenn der Nutzer auf einen Link klickt. Diese Navigationsreaktion wird als das *Standardverhalten* des Links bezeichnet. Da wir Klicks hier selbst verarbeiten und Seiten mit JavaScript laden, müssen wir das Standardverhalten verhindern. Auf dieser Zeile, die (gemeinsam mit der nächsten Zeile) ausgelöst wird, wenn der Nutzer auf Links klickt, wird die eingebaute Funktion `preventDefault()`-Methode der Event-Objekts aufgerufen. Lassen wir diese Zeile weg, verlässt der Browser pflichtbewusst die aktuelle Seite und navigiert zur URL des angeklickten Links.

❽ Klickt der Nutzer auf einen Link, wird die URL der entfernten Seite an die Funktion `loadPage()` übergeben und damit der Kreislauf neu angestoßen.

Eine der Sachen, die mir an JavaScript am besten gefällt, ist, dass Sie einer Funktion als Parameter eine andere Funktion übergeben können. Obgleich das auf den ersten Blick befremdlich anmutet, ist es unglaublich mächtig und ermöglicht Ihnen, Ihren Code modularer und wiederverwendbarer zu machen. Wenn Sie mehr über diese Technik erfahren wollen, sollten Sie sich *Das Beste an JavaScript (http://oreilly.de/catalog/9783897218765)* von Douglas Crockford (O'Reilly) ansehen. Wenn Sie mit JavaScript arbeiten, sollten Sie sich eigentlich alles von Douglas Crockford ansehen. Später werden Sie froh sein, es getan zu haben.

Klick-Handler werden nicht ausgeführt, wenn die Seite geladen wird. Sie werden ausgeführt, wenn der Nutzer tatsächlich auf einen Link klickt. Die Zuweisung von Klick-Handlern ist also wie die Konstruktion einer Sprengfalle. Sie bereiten etwas vor, das später in Gang gesetzt werden kann oder auch nicht.

Sie sollten sich die Zeit nehmen, sich einmal die Eigenschaften des Events anzusehen, das JavaScript bei Benutzeraktionen im Browser erzeugt. Eine gute Referenz finden Sie unter *http://www.w3schools.com/htmldom/dom_obj_event.asp*.

Wenn Sie den Code in diesem Kapitel testen, sollten Sie darauf achten, dass Sie mit dem Browser tatsächlich zur Seite *android.html* gehen. Webserver zeigen standardmäßig die Seite *index.html* an, wenn Sie nur das Verzeichnis angeben, in dem sich die Dateien befinden. Meist ist das praktisch, aber in diesem Fall führt es zu einem Problem.

Etwas Schnickschnack

Mit diesen winzigen Happen HTML, CSS und JavaScript konnten wir tatsächlich eine vollständige Website in eine Einseitenanwendung verwandeln. Dennoch lässt sie immer noch einiges zu wünschen übrig. Polieren wir die Sache noch etwas auf.

Fortschrittsanzeige

Da wir wir dem Browser nicht gestatten, von Seite zu Seite zu navigieren, erhält der Nutzer keinen Hinweis auf den Fortschritt, während die Daten geladen werden (siehe Abbildung 3-1). Wir müssen den Nutzern etwas Feedback geben, damit sie wissen, dass tatsächlich etwas passiert. Erhalten sie dieses Feedback nicht, könnten sie sich fragen, ob sie tatsächlich auf den Link geklickt oder ihn etwa verfehlt haben. Das kann häufig dazu führen, dass sie frustriert überall herumklicken, was der Ausgangspunkt einer erhöhten Last auf dem Server und eventuell auch der Instabilität der Anwendung (d.h. die Quelle von Abstürzen) sein kann.

Abbildung 3-1: Ohne Fortschrittsanzeige scheint die App zu hängen und frustriert den Nutzer.

Dank jQuery benötigen wir nur zwei Zeilen, um eine Fortschrittsanzeige zu implementieren. Wir hängen einfach an den Body ein Lade-div an, wenn loadPage() startet, und entfernen es, wenn hijackLinks() fertig ist. Beispiel 3-4 zeigt eine modifizierte Version von Beispiel 3-3. Die Zeilen, die Sie *android.js* hinzufügen müssen, werden fett dargestellt.

Beispiel 3-4: Der Seite eine einfache Fortschrittsanzeige hinzufügen

```
$(document).ready(function(){
    loadPage();
});
```

```
function loadPage(url) {
    $('body').append('<div id="progress">Lade...</div>');
    if (url == undefined) {
        $('#container').load('index.html #header ul', hijackLinks);
    } else {
        $('#container').load(url + ' #content', hijackLinks);
    }
}
function hijackLinks() {
    $('#container a').click(function(e){
        e.preventDefault();
        loadPage(e.target.href);
    });
    $('#progress').remove();
}
```

Simulation der tatsächlichen Netzwerkleistung

Wenn Sie diese Web-App in einem lokalen Netzwerk testen, wird die Netzwerkgeschwindigkeit wahrscheinlich so groß sein, dass Sie die Fortschrittsanzeige nie zu Gesicht bekommen. Wenn Sie Mac OS X nutzen, können Sie den einkommenden Netzwerkverkehr bremsen, indem Sie im Terminal ein paar ipfw-Befehle eingeben. Folgende Befehle werden den gesamten Netzwerkverkehr beispielsweise auf 4 Kilobyte pro Sekunde verlangsamen:

```
sudo ipfw pipe 1 config bw 4KByte/s
sudo ipfw add 100 pipe 1 tcp from any to me 80
```

Sie sollten in der URL den Hostnamen Ihres Rechners oder eine externe IP-Adresse angeben (zum Beispiel mein_computer.local statt localhost). Wenn Sie das Testen abgeschlossen haben, löschen Sie die Regel mit sudo ipfw delete 100 (mit ipfw flush können Sie alle eigenen Regeln löschen).

Ähnliche Dinge können Sie auch unter Linux und Windows tun. Sehen Sie sich für Linux unter den folgenden Links um:

- *(http://linux-ip.net/articles/Traffic-Control-HOWTO/classless-qdiscs.html)*
- *(http://lartc.org/howto/lartc.ratelimit.single.html)*

Für Windows finden Sie hier Hinweise:

- *(http://blogs.msdn.com/b/wndp/archive/2006/06/30/653047.aspx)*
- *(http://www.netlimiter.com)*

Wenn Sie den Android-Emulator (siehe Abschnitt »Ein virtuelles Android-Gerät erstellen« auf Seite 121) nutzen, können Sie mit der Kommandozeilenoption -netspeed die verwendete Netzwerkgeschwindigkeit steuern. Wenn Sie den Emulator mit den Argumenten -netspeed edge aufrufen, simulieren Sie tatsächliche EDGE-Netzwerkgeschwindigkeit (118,4 Kilobit pro Sekunde Upstream, 236,8 Kilobit pro Sekunde Downstream). Starten Sie den Emulater auf der Kommandozeile mit emulator -help-netspeed, um sich eine Aufstellung aller unterstützten Geschwindigkeiten anzeigen zu lassen.

In Beispiel 3-5 sehen Sie das CSS, das Sie *android.css* hinzufügen müssen, um das progress-div zu stylen.

Beispiel 3-5: Das zu »android.css« hinzugefügte CSS zum Stylen des Fortschrittsanzeigers

```
#progress {
    -webkit-border-radius: 10px;
    background-color: rgba(0,0,0,.7);
    color: white;
    font-size: 18px;
    font-weight: bold;
    height: 80px;
    left: 60px;
    line-height: 80px;
    margin: 0 auto;
    position: absolute;
    text-align: center;
    top: 120px;
    width: 200px;
}
```

Den Seitentitel festlegen

Jede Seite unserer Site hat ganz zufällig zu Anfang ein h2, das einen wunderbaren Seitentitel abgeben würde (siehe Abbildung 3-2). Das können Sie in der HTML-Quelle in Kapitel 2, »Elementares Styling« sehen. Um unsere Seite für Mobilgeräte tauglicher zu machen, werden wir diesen Titel aus dem Inhalt herausziehen und in die Kopfleiste packen (siehe Abbildung 3-3). Wieder hilft uns dabei jQuery: Wir müssen hijackLinks() ganze drei Zeilen Code hinzufügen, um das zu erreichen. Beispiel 3-6 zeigt hijackLinks mit den entsprechenden Änderungen.

Beispiel 3-6: Das »h2« der Seiten als Werkzeugleistentitel nutzen

```
function hijackLinks() {
    $('#container a').click(function(e){
        e.preventDefault();
        loadPage(e.target.href);
    });
    var title = $('h2').html() || 'Hallo!';
    $('h1').html(title);
    $('h2').remove();
    $('#progress').remove();
}
```

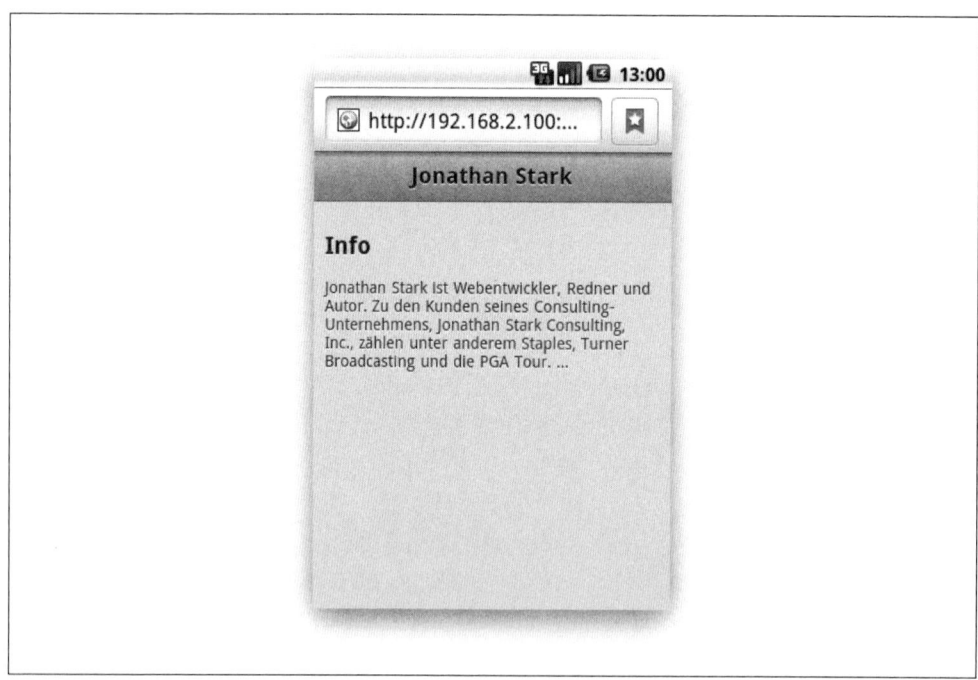

Abbildung 3-2: Bevor der Titel in die Werkzeugleiste verschoben wurde ...

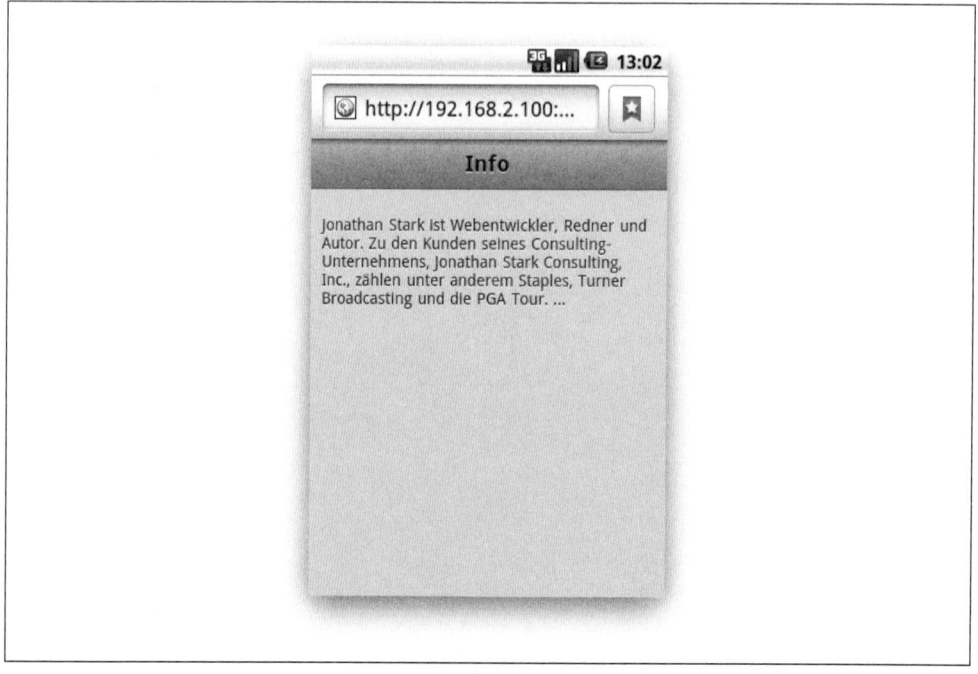

Abbildung 3-3: ... und nachdem der Titel in die Werkzeugleiste verschoben wurde

Die Zeilen für den Titel habe ich vor der Zeile eingefügt, die die Fortschritts-anzeige entfernt. Die Fortschrittsanzeige möchte ich so spät wie möglich entfernen, da ich der Meinung bin, dass das der Anwendung einen dyna-mischeren Anschein verleiht.

Das doppelte Pipe-Zeichen (||) in der ersten eingefügten Codezeile (fett dargestellt) ist der logische ODER-Operator von JavaScript. Auf Deutsch hieße das: »Setze die Variable title auf den HTML-Inhalt des h2-Elements oder auf die Zeichenfolge 'Hallo!', wenn es kein h2-Element gibt.« Das ist wichtig, weil die erste geladene Seite kein h2 enthält, da wir nur die Navigations-uls abrufen.

Dieser Punkt verlangt wahrscheinlich eine weitere Klarstellung. Wenn Nut-zer die URL *android.html* laden, sehen sie nur die übergeordneten Naviga-tionselemente der Site, nicht ihren Inhalt. Site-Inhalte werden ihnen erst präsentiert, wenn sie auf dieser anfänglichen Navigationsseite auf einen Link klicken.

Lange Titel bewältigen

Angenommen, wir hätten in unserer Site eine Seite mit einem Titel, der so lang ist, dass er nicht in die Titelzeile passt (siehe Abbildung 3-4). Wir könnten den Text einfach mehrere Seiten einnehmen lassen, aber das wäre nicht sonderlich attraktiv. Stattdessen können wir die #header h1-Styles so aktualisieren, dass Text, der zu lang ist, abgeschnitten und durch ein Ellipsenzeichen (Auslassungszeichen, siehe Abbildung 3-5 und Beispiel 3-7) angezeigt wird. Das könnte mein Liebling unter den unbekannteren CSS-Tricks sein.

Beispiel 3-7: Ein Ellipsenzeichen an Text anhängen, der zu lang für seine Container ist

```
#header h1 {
    color: #222;
    font-size: 20px;
    font-weight: bold;
    margin: 0 auto;
    padding: 10px 0;
    text-align: center;
    text-shadow: 0px 1px 1px #fff;
    max-width: 160px;
    overflow: hidden;
    white-space: nowrap;
    text-overflow: ellipsis;
}
```

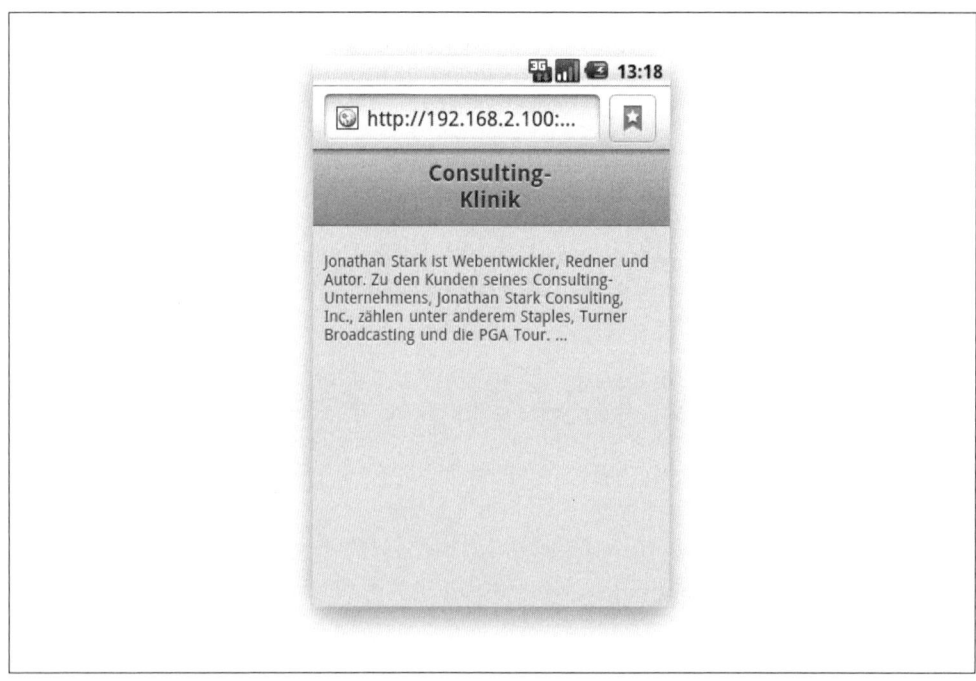

Abbildung 3-4: Textumbruch in der Werkzeugleiste ist nicht sonderlich ansehnlich, ...

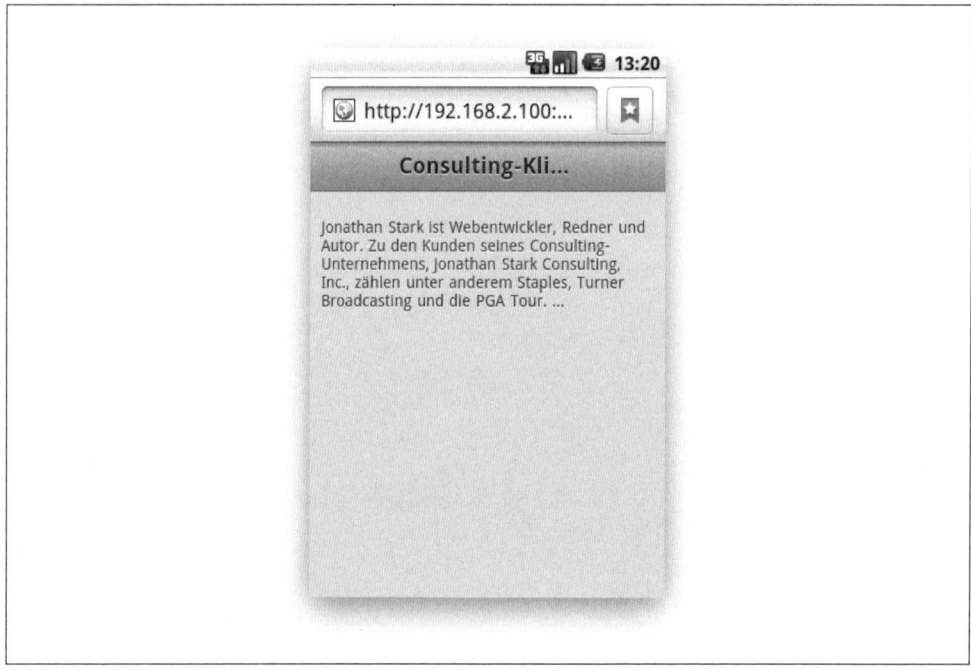

Abbildung 3-5: ... kann aber durch eine CSS-Ellipse vermieden werden.

Hier ist die Zusammenfassung: `max-width: 160px` sagt dem Browser, dass er dem h1-Element nicht gestatten soll, mehr als 160px einzunehmen. Dann sagt `overflow: hidden` dem Browser, dass Inhalt, der sich über das Inhaltsrechteck eines Elements hinaus erstreckt, abgeschnitten werden soll. Dann verhindert `white-space: nowrap`, dass der Browser die Zeile auf zwei Zeilen aufteilt. Ohne diese Zeile würde das h1 einfach höher werden, damit es den Text in der vorgegebenen Breite unterbringen kann. Schließlich hängt `text-overflow: ellipsis` drei Punkte an den abgeschnittenen Text an, um dem Nutzer anzuzeigen, dass er nicht den vollständigen Text sieht.

Automatisch zum Seitenanfang scrollen

Angenommen, Sie haben eine Seite, die länger als der sichtbare Bereich auf dem Gerät ist. Der Nutzer besucht die Seite, scrollt bis an ihr Ende und klickt auf den Link zu einer Seite, die sogar noch länger ist. Die neue Seite wird dann »vorgescrollt« erscheinen und nicht in der Ausgangsposition, wie man es erwarten würde.

Technisch ist das sinnvoll, da die aktuelle (gescrollte) Seite ja nicht verlassen wird, für den Nutzer ist es dennoch verwirrend. Das können wir geraderücken, indem wir der Funktion `loadPage()` einen `scrollTo()`-Befehl hinzufügen (siehe Beispiel 3-8).

Klickt der Nutzer auf einen Link, springt die Seite zuerst an den Anfang. Das hat zusätzlich den Vorteil, dass die Fortschrittsanzeige auch sichtbar ist, wenn der Nutzer ganz unten auf einer langen Seite auf einen Link klickt.

Beispiel 3-8: Es ist ratsam, wieder nach oben zu scrollen, wenn ein Nutzer zu einer neuen Seite navigiert.

```
function loadPage(url) {
    $('body').append('<div id="progress">Lade...</div>');
    scrollTo(0,0);
    if (url == undefined) {
        $('#container').load('index.html #header ul', hijackLinks);
    } else {
        $('#container').load(url + ' #content', hijackLinks);
    }
}
```

Nur lokale Links abfangen

Wie die meisten Sites hat auch unsere Links auf externe Seiten (d.h. Seiten auf anderen Domains). Diese externen Links sollten wir nicht abfangen, weil es wenig sinnvoll wäre, ihr HTML in unser Android-spezifisches Layout zu integrieren. Wie Beispiel 3-9 zeigt, können wir eine Bedingung einbauen, die prüft, ob in der URL unser Domainname vorkommt. Wird er gefunden, wird der Link abgefangen und der Inhalt in die aktuelle Seite geladen (d.h., Ajax kommt ins Spiel). Wird er nicht gefunden, navigiert der Browser ganz gewöhnlich zur entsprechenden URL.

Sie müssen das *jonathanstark.com* in den passenden Domain- oder Hostnamen für Ihre Website ändern, da andernfalls die Links auf die Seiten Ihrer Website nicht mehr abgefangen werden.

Beispiel 3-9: Den Domainnamen in der URL prüfen, damit externe Seiten normal geladen werden

```
function hijackLinks() {
    $('#container a').click(function(e){
        var url = e.target.href;
        if (url.match(/jonathanstark.com/)) {
            e.preventDefault();
            loadPage(url);
        }
    });
    var title = $('h2').html() || 'Hallo!';
    $('h1').html(title);
    $('h2').remove();
    $('#progress').remove();
}
```

Die Funktion url.match nutzt eine Sprache, die sogenannten regulären Ausdrücke, die häufig in andere Programmiersprachen wie JavaScript, PHP und Perl eingebettet wird. Dieser reguläre Ausdruck ist einfach, komplexere Ausdrücke können etwas einschüchternd wirken, sind es aber dennoch wert, dass Sie sich mit ihnen vertraut machen. Meine Lieblings-Regex-Seite ist *http://www.regular-expressions.info/javascriptexample.html*.

Der eigene Zurück-Button

Beim derzeitigen Stand unserer Anwendung hat der Anwender keine Möglichkeit, zu zuvor besuchten Seiten zurückzukehren (denken Sie daran, dass wir alle Links abfangen und die Verlaufsfunktion des Browsers deswegen nicht funktioniert). Kümmern wir uns darum, indem wir oben links im Fenster einen eigenen ZURÜCK-Button einbauen. Erst aktualisieren wir das JavaScript, dann kümmern wir uns um das CSS.

Wollen wir der App einen gewöhnlichen ZURÜCK-Button hinzufügen, müssen wir den Klick-Verlauf der Nutzers nachhalten. Dazu werden wir folgende Dinge tun müssen:

- die URL der vorangegangenen Seite speichern, damit wir zu ihr zurückkehren können
- den Titel der vorangegangenen Seite speichern, damit wir wissen, welchen Text wir auf dem Button anzeigen müssen

Das Hinzufügen dieser Funktion wirkt sich auf große Teile des JavaScripts aus, das wir in diesem Kapitel geschrieben haben, deswegen werde ich die neue Version von *android.js* zeilenweise durchgehen (siehe Beispiel 3-10). Das Ergebnis wird so aussehen wie in Abbildung 3-6.

Beispiel 3-10: Das JavaScript zur Unterstützung eines »Zurück«-Buttons überarbeiten

```
var hist = [];❶
var startUrl = 'index.html';❷
$(document).ready(function(){❸
    loadPage(startUrl);
});
function loadPage(url) {
    $('body').append('<div id="progress">Lade...</div>');❹
    scrollTo(0,0);
    if (url == startUrl) {❺
        var element = ' #header ul';
    } else {
        var element = ' #content';
    }
    $('#container').load(url + element, function(){❻
        var title = $('h2').html() || 'Hallo!';
        $('h1').html(title);
        $('h2').remove();
        $('.leftButton').remove();❼
        hist.unshift({'url':url, 'title':title});❽
        if (hist.length > 1) {❾
            $('#header').append('<div class="leftButton">'+hist[1].title+'</div>');❿
            $('#header .leftButton').click(function(){⓫
                var thisPage = hist.shift();⓬
                var previousPage = hist.shift();
                loadPage(previousPage.url);
            });
        }
        $('#container a').click(function(e){⓭
            var url = e.target.href;
            if (url.match(/jonathanstark.com/)) {⓮
                e.preventDefault();
                loadPage(url);
            }
        });
        $('#progress').remove();
    });
}
```

❶ Diese Zeile initialisiert eine Variable namens hist als leeres Array. Da sie außerhalb aller Funktionen definiert wird, hat sie globale Geltung und ist damit in der gesamten Seite sichtbar. Beachten Sie, dass nicht der vollständige Name history genutzt wird, da das eine vordefinierte JavaScript-Eigenschaft ist, deren Namen Sie in Ihrem eigenen Code vermeiden sollten.

❷ Diese Zeile definiert die relative URL der entfernten Seite, die geladen werden soll, wenn der Nutzer *android.html* den ersten Besuch abstattet. Vielleicht erinnern Sie sich, dass frühere Beispiele url == undefined prüften, um das erste Laden zu verarbeiten. Aber in diesem Beispiel werden wir die Startseite an einigen Punkten nutzen. Deswegen ist es vernünftig, sie global zu definieren.

❸ Diese und die folgende Zeile bilden die Definition der Document-Ready-Funktion. Anders als in früheren Beispielen übergeben wir hier die Startseite an die Funktion loadPage().

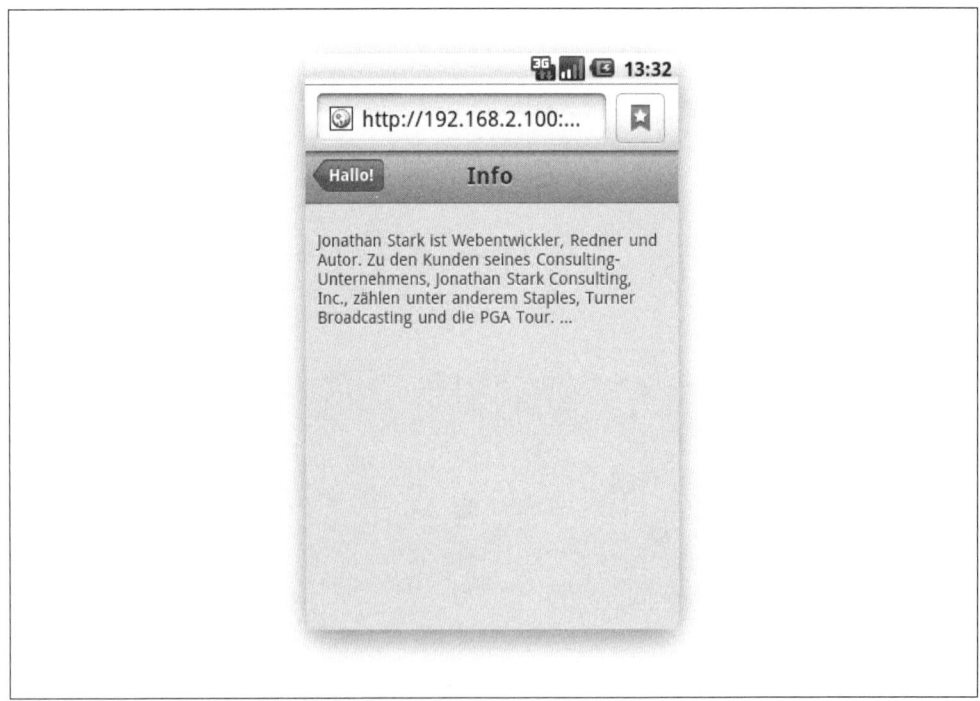

Abbildung 3-6: Ohne einen schimmernden Button mit einem Pfeil zurück wäre es keine Mobil-App.

❹ Weiter zur Funktion `loadPage()`: Diese und die folgende Zeile wurden vollständig aus den letzten Beispielen übernommen.

❺ Diese `if...else`-Anweisung prüft, welche Elemente von der entfernten Seite zu laden sind. Brauchen wir die Startseite, werden die `ul`s aus der Kopfleiste abgerufen, andernfalls das `div` mit dem Inhalt.

❻ Auf dieser Zeile werden der `url`-Parameter und das entsprechende Quellelement zum ersten Parameter für die Ladefunktion verbunden. Als zweiten Parameter übergeben wir direkt eine anonyme Funktion (eine unbenannte Funktion, die inline definiert wird). Wenn wir diese Funktion durchgehen, wird Ihnen eine große Ähnlichkeit mit der Funktion `hijackLinks()` auffallen, die durch diese anonyme Funktion ersetzt wurde. Die folgenden drei Zeilen sind beispielsweise mit den vorangegangenen Beispielen identisch.

❼ Auf dieser Zeile entfernen wir das `.leftButton`-Objekt aus der Seite. Das mag etwas seltsam anmuten, da wir es der Seite noch gar nicht hinzugefügt haben, aber das werden wir ein paar Schritte weiter unten nachholen.

❽ Hier nutzen wir die eingebaute `unshift`-Methode des JavaScript-Arrays, um am Anfang des Arrays `hist` ein Element einzufügen. Das Objekt hat zwei Eigenschaften: `url` und `title` – die beiden Informationen, die wir benötigen, um die Anzeige und das Verhalten eines Zurück-Buttons zu unterstützen.

❾ Diese Zeile nutzt die eingebaute `length`-Methode eines JavaScript-Arrays, um herauszufinden, wie viele Objekte der Verlauf enthält. Enthält der Verlauf nur ein Objekt, heißt das, dass der Nutzer auf der ersten Seite ist. Wir müssen also noch keinen Zurück-Button anzeigen. Enthält das Array mehr Objekte, müssen wir der Kopfleiste einen Button hinzufügen.

❿ Diese Zeile fügt den oben erwähnten `.leftButton` ein. Der Text des Buttons wird den Titel der Seite vor der aktuellen Seite enthalten. Auf diesen greifen wir über `hist[1]`. `title` zu. JavaScript-Arrays sind nullbasiert, das erste Element in der Liste (die aktuelle Seite) hat also immer den Index 0. Anders gesagt, der Index 0 entspricht der aktuellen Seite, der Index 1 der vorangegangenen Seite, der Index 2 der Seite davor und so weiter.

⓫ Dieser Block Code bindet eine anonyme Funktion an den Klick-Handler des Zurück-Buttons. Denken Sie daran, dass der Code eines Klick-Handlers ausgeführt wird, wenn der Nutzer auf etwas klickt, nicht wenn die Seite geladen wird. Der Code in dieser Funktion wird also dann ausgeführt, wenn der Benutzer nach dem Laden der Seite auf den Button klickt, um zur vorigen Seite zurückzukehren.

⓬ Diese und die folgende Zeile nutzen die eingebaute `shift`-Methode von Arrays, um die ersten beiden Elemente aus dem Array `hist` zu entfernen. Dann sendet die letzte Zeile der Funktion die URL der vorangegangenen Seite an die Funktion `loadPage()`.

⓭ Die verbleibenden Zeilen wurden vollständig aus den vorangegangenen Beispielen übernommen, deswegen werde ich sie hier nicht erneut durchkauen.

⓮ Das ist der zuvor in diesem Kapitel eingeführte Code zum Prüfen der URLs. Denken Sie daran, dass Sie jonathanstark.com durch einen Teil des Domain- oder Hostnamens Ihrer Website ersetzen müssen, da die lokalen Links sonst nicht abgefangen und in die Seite geladen werden.

 Unter *http://www.hunlock.com/blogs/Mastering_Javascript_Arrays* finden Sie eine vollständige Aufstellung aller JavaScript-Array-Funktionen samt Beschreibungen und Beispielen.

Jetzt haben wir unseren Zurück-Button und müssen ihn bloß noch mit etwas CSS aufmöbeln (siehe Beispiel 3-11). Beginnen wir damit, dass wir den Text mit den Eigenschaften `font-weight`, `text-align`, `line-height`, `color` und `text-shadow` anpassen. Dann fahren wir damit fort, dass wir das `div` mit `position`, `top` und `left` genau dort in die Seite einbauen, wo wir es haben wollen. Dann sorgen wir mit den Eigenschaften `max-width`, `white-space`, `overflow` und `text-overflow` dafür, dass zu langer Text im Button-Text abgeschnitten und mit einer Ellipse angezeigt wird. Schließlich wenden wir mit den Eigenschaften `border-width` und `-webkit-border-image` eine Grafik an. Anders als beim vorangegangenen Rahmenbildbeispiel gibt es bei diesem Bild unterschiedliche Breiten für die linke und die rechte Rahmenseite, da das Bild durch den Pfeilkopf auf der linken Seite asymmetrisch ist.

 Vergessen Sie nicht, dass Sie für diesen Button ein Bild benötigen. Sie müssen es unter dem Namen *back_button.png* im *images*-Unterverzeichnis des Verzeichnisses speichern, das Ihre HTML-Datei enthält. Unter finden Sie Tipps zur Erstellung von eigenen Button-Bildern.

Beispiel 3-11: Fügen Sie »android.css« Folgendes hinzu, um den »Zurück«-Button mit einem Rahmenbild zu verschönern.

```
#header div.leftButton {
    font-weight: bold;
    text-align: center;
    line-height: 28px;
    color: white;
    text-shadow: 0px -1px 1px rgba(0,0,0,0.6);
    position: absolute;
    top: 7px;
    left: 6px;
    max-width: 50px;
    white-space: nowrap;
    overflow: hidden;
    text-overflow: ellipsis;
    border-width: 0 8px 0 14px;
    -webkit-border-image: url(images/back_button.png) 0 8 0 14;
}
```

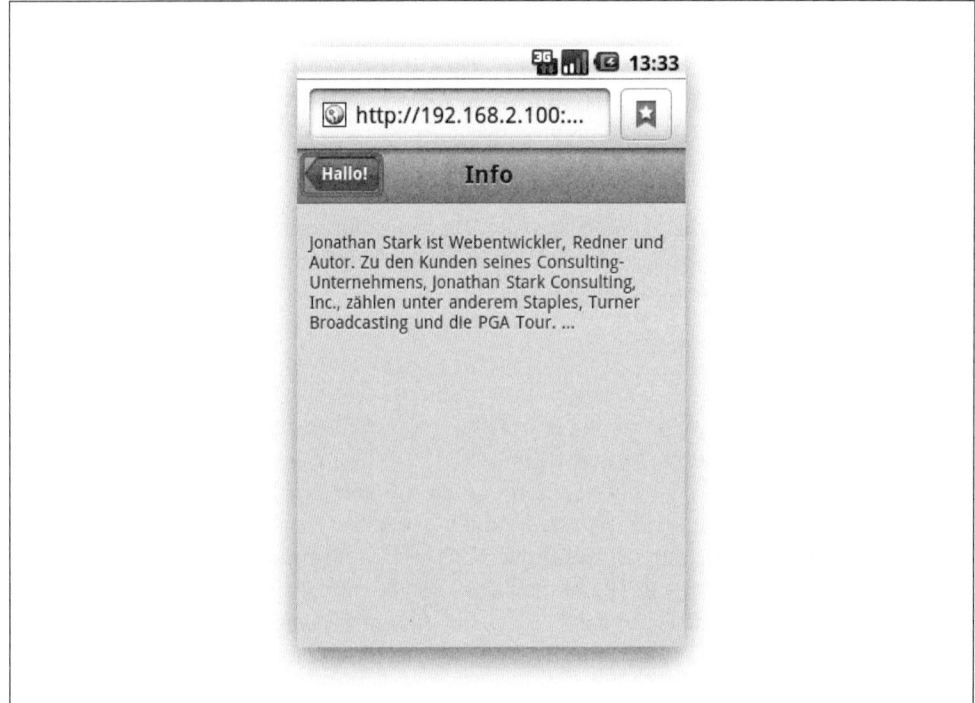

Abbildung 3-7: Standardmäßig zeigt Android um angetippte klickbare Objekte eine orange Markierung an.

Standardmäßig blendet Android eine orange Markierung um klickbare Objekte ein, auf die getippt wurde (siehe Abbildung 3-7). Diese erscheint zwar nur kurz, lässt sich aber leicht entfernen, was die App viel ansehnlicher macht. Glücklicherweise unterstützt Android eine CSS-Eigenschaft namens -webkit-tap-highlight-color, über die Sie dieses Verhalten unterdrücken können. Hier tun wir das, indem wir die Tippmarkierung auf eine gänzlich transparente Farbe setzen (siehe Beispiel 3-12).

Beispiel 3-12: Fügen Sie »android.css« Folgendes hinzu, um den standardmäßigen Tippmarkierungseffekt zu entfernen.

```
#header div.leftButton {
    font-weight: bold;
    text-align: center;
    line-height: 28px;
    color: white;
    text-shadow: 0px -1px 1px rgba(0,0,0,0.6);
    position: absolute;
    top: 7px;
    left: 6px;
    max-width: 50px;
    white-space: nowrap;
    overflow: hidden;
    text-overflow: ellipsis;
    border-width: 0 8px 0 14px;
    -webkit-border-image: url(images/back_button.png) 0 8 0 14;
    -webkit-tap-highlight-color: rgba(0,0,0,0);
}
```

Bei unserem ZURÜCK-Button kann es zu einer Verzögerung von ein bis zwei Sekunden kommen, bevor der Inhalt der letzten Seite erscheint. Um Frustrationen zu vermeiden, können wir den Button so konfigurieren, dass er in dem Augenblick, in dem auf ihn getippt wird, geklickt aussieht. Bei einem Desktop-Browser ist das ein Kinderspiel: Sie fügen Ihrem CSS einfach eine Deklaration mit der Pseudoklasse :active hinzu, um einen alternativen Style für das Objekt anzugeben, wenn der Nutzer darauf geklickt hat. Ich weiß nicht, ob es ein Bug oder ein Feature ist, aber eben das funktioniert bei Android nicht. Der Selektor :active wird ignoriert.

Ich habe mit verschiedenen Kombinationen der Pseudoklassen :active und :hover herumgespielt und bei Apps, die nicht auf Ajax basierten, auch einige Erfolge erzielt. Aber bei Ajax-Apps wie der, die wir hier aufbauen, sind die mit :hover definierten Styles haftend (d.h., der Button scheint »geklickt« zu bleiben, auch nachdem der Finger ihn freigegeben hat).

Glücklicherweise gibt es eine preiswerte Medizin – nehmen Sie jQuery, und fügen Sie dem Button die Klasse clicked hinzu, wenn der Nutzer darauf tippt. Ich habe mich entschieden, eine dunklere Version des Button-Bildes im Beispiel auf den Button anzuwenden (siehe Abbildung 3-8 und Beispiel 3-13). Sie benötigen ein Button-Bild namens *back_button_clicked.png* im *images*-Unterverzeichnis. In finden Sie Hinweise dazu, wie Sie eigene Button-Bilder erstellen.

Beispiel 3-13: Fügen Sie »android.css« Folgendes hinzu, damit der Button auch wie geklickt aussieht, wenn der Benutzer auf ihn tippt.

```
#header div.leftButton.clicked {
    -webkit-border-image: url(images/back_button_clicked.png) 0 8 0 14;
}
```

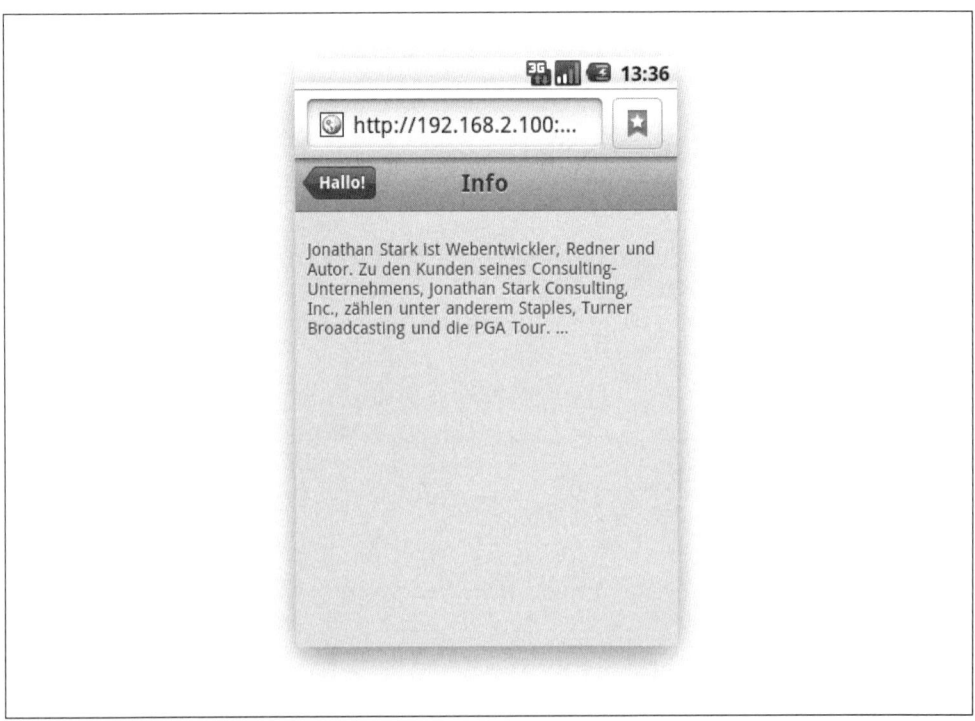

Abbildung 3-8: Im Druck erkennt man es vielleicht nicht so gut, aber der geklickte Button ist etwas dunkler.

 Da wir für den Klick-Style ein Bild nutzen, wäre es klug, dieses vorab zu laden. Andernfalls verschwände die Button-Grafik beim ersten Antippen, während die Grafik für den geklickten Zustand noch heruntergeladen wird. Wie man Bilder vorab herunterlädt, werde ich im nächsten Kapitel beschreiben.

Nachdem wir das CSS eingerichtet haben, können wir den Teil von *android.js* aktualisieren, der den Click-Handler dem Zurück-Button zuweist. Zunächst geben wir der anonymen Funktion einen Parameter, e, damit sie das übergebene Click-Event festhalten kann. Dann packen wir das Event-Ziel in einen jQuery-Selektor und rufen jQuerys addClass()-Funktion auf, um dem Button die CSS-Klasse clicked« zuzuweisen:

```
$('#header .leftButton').click(function(e){
    $(e.target).addClass('clicked');
    var thisPage = hist.shift();
    var previousPage = hist.shift();
    loadPage(lastUrl.url);
});
```

 Ein besonderer Hinweis an alle CSS-Gurus im Auditorium: Die von »A List
Apart« bekannt gemachte CSS-Sprite-Technik ist hier keine Option, da sie
Offsets für das Bild verlangt. Die Eigenschaft `-webkit-border-image` unter-
stützt keine Abstände für Bilder.

Dem Home-Screen ein Symbol hinzufügen

Hoffentlich wollen Ihre Nutzer ein Symbol für Ihre Web-App zu ihren Home-Screens
hinzufügen (so etwas nennt man ein »Launcher-Symbol«). Das tun sie, indem sie auf
ihrem Home-Bild-Screen ein Lesezeichen für eine App anlegen. Das unterscheidet sich in
keiner Weise von jedem anderen Lesezeichen, das auf dem Home-Screen angelegt wird.
Der Unterschied ist, dass wir ein Bild angeben werden, das anstelle des Standardsymbols
für Lesezeichen angezeigt werden soll.

Laden Sie zunächst eine *.png*-Bilddatei auf Ihren Webserver herauf. Damit das visuelle
Gleichgewicht mit anderen Launcher-Symbolen gewahrt bleibt, sollten Sie die Datei 56 px
× 56 px groß machen, wenn der sichtbare Bereich im Wesentlichen quadratisch ist,
andernfalls 60 px × 60 px. Sie werden mit Ihrer jeweiligen Grafik wahrscheinlich etwas
experimentieren müssen, bevor Sie die optimalen Maße gefunden haben.

 Da Android auf unterschiedlichen Geräten mit unterschiedlichen Bild-
schirmgrößen und -auflösungen läuft, ist es recht kompliziert, Symbole zu
erstellen, die überall gleich gut aussehen. Ausführliche Anleitungen und frei
herunterladbare Vorlagen finden Sie auf der Icon-Design-Seite der Android-
Entwickler-Site (*http://developer.android.com/guide/practices/ui_guidelines/
icon_design.html#launcherstructure*).

Fügen Sie dann die folgende Zeile dem `head`-Abschnitt unseres Stellwerk-HTML-Doku-
ments *android.html* hinzu (ersetzen Sie `myCustomIcon.png` durch den absoluten oder
relativen Pfad zu dem Bild):

```
<link rel="apple-touch-icon-precomposed" href="myCustomIcon.png" />
```

 Vielleicht ist es Ihnen ja aufgefallen: Das ist eine Apple-spezifische Direktive,
die von Android adoptiert wurde.

Was Sie gelernt haben

In diesem Kapitel haben Sie gelernt, wie Sie eine gewöhnliche Website in eine Ajax-App samt Forschrittsanzeiger und eines nativ aussehenden ZURÜCK-Buttons umwandeln. Im nächsten Kapitel werden Sie lernen, wie man einer App mit nativen UI-Animationen Leben einhaucht. Sie haben richtig gelesen. Jetzt kommen die Dinge, die Laune machen!

KAPITEL 4

Animationen

Android-Apps weisen einige charakteristische Animationskennzeichen auf, die dem Benutzer Kontextinformationen geben. Beispielsweise rutschen Seiten nach links, wenn der Anwender über Links nach unten navigiert, und nach rechts, wenn er wieder zurück navigiert. In diesem Kapitel werden Sie lernen, wie man charakteristische Verhalten wie Rutschen, Umblättern und mehr in einer Web-App implementiert. Diese Änderungen werden Ihre Web-App von einer nativen Anwendung fast nicht mehr unterscheidbar machen.

Mit etwas Hilfe von unserem Freund

Ich will aufrichtig sein: Eine Web-App so zu animieren wie eine native App, ist kein Kinderspiel. Glücklicherweise hat ein unternehmungslustiger junger Spund namens David Kaneda eine JavaScript-Bibliothek namens jQTouch entwickelt, die die mobile Webentwicklung unglaublich vereinfacht. jQTouch ist ein Open Source-JQuery-Plugin, das beinahe alles erledigen kann, was wir im letzten Kapitel gelernt haben, und darüber hinaus noch eine Menge anderen, erheblich komplexeren Kram, der eine Menge Arbeit wäre, müsste man ihn von Grund auf schreiben.

 Sie können die letzte Version von jQTouch unter *http://jqtouch.com/* herunterladen. Im Sinne der Veröffentlichungspflicht sollten Sie wissen, dass David mich vor Kurzem bat, offizieller Maintainer für jQTouch zu werden – eine Ehre, die ich mit größter Freude akzeptiert habe.

Nach Hause rutschen

Wir werden eine einfach Kalorienzähler-App namens *Kilo* aufbauen, in der der Anwender eintragen kann, was er an einem Tag zu sich genommen hat. Insgesamt wird es fünf Seiten geben: HOME, EINSTELLUNGEN, TAGE, TAG und NEUER EINTRAG. Wir werden mit zwei Fenstern beginnen und uns langsam vorarbeiten.

 Einigen Elementen der HTML-Dokumente werden wir CSS-Klassen zuweisen (z.B. toolbar, edgetoedge, arrow, button, back). Diese Klassen entsprechen immer vordefinierten Klassenselektoren im Standard-jQTouch-Theme. Denken Sie daran, dass Sie eigene Klassen erstellen und nutzen können, indem Sie bestehende jQTouch-Themes modifizieren oder eigene neu erstellen; in diesen Beispielen werden wir einfach die Standards nutzen.

Da wir hier bei null beginnen werden, können Sie die Dateien beiseitelegen, die wir in den letzten Kapiteln erstellt haben. Beginnen wir damit, eine Datei namens *index.html* zu erstellen und ihr das HTML in Beispiel 4-1 für die HOME- und INFO-Fenster hinzuzufügen.

Beispiel 4-1: HTML für die »Home«- und »Info«-Fenster in »index.html«

```
<html>
    <head>
        <title>Kilo</title>
        <meta charset="utf-8" />
    </head>
    <body>
        <div id="home">❶
            <div class="toolbar">❷
                <h1>Kilo</h1>
            </div>
            <ul class="edgetoedge">❸
                <li class="arrow"><a href="#about">Info</a></li>❹
            </ul>
        </div>
        <div id="about">
            <div class="toolbar">
                <h1>Info</h1>
                <a class="button back" href="#">Zurück</a>❺
            </div>
            <div>
                <p>Mit Kilo haben Sie Ihren Ernährungsplan jederzeit im Griff.</p>
            </div>
        </div>
    </body>
</html>
```

Das HTML hier enthält gerade einmal einen Header mit einem Titel, der Kodierungsangabe und einen Body mit zwei Kindern, zwei divs:

❶ Dieses div (und ebenso das ein paar Zeilen später zu findende Info-div) wird zu einem Fenster in der App, allein dadurch, dass es ein unmittelbares Kind von body ist.

❷ In jedem Fenster-div gibt es ein div mit der Klasse toolbar. Diese toolbar-Klasse ist in den jQTouch-Themes speziell für das Stylen von Elementen vordefiniert, die wie eine standardmäßige Mobilgerät-Werkzeugleiste aussehen.

❸ Diese ungeordnete Liste hat die Klasse edgetoedge. Das sagt jQTouch, dass die Liste den ganzen sichtbaren Bereich von links nach rechts einnehmen soll.

❹ Auf dieser Zeile ist ein li, das einen Link enthält, dessen href auf das Fenster INFO zeigt. Die arrow-Klasse auf dem li ist nicht unbedingt erforderlich. Sie sorgt nur dafür, dass rechts des Elements in der Liste ein Gänsefüßchen eingefügt wird.

❺ Diese Werkzeugleistenelemente enthalten jeweils ein einzelnes h1-Element, das zum Titel des Fensters werden wird. Auf dieser Zeile gibt es zwei Links mit den Klassen button und back, die jQTouch sagen, dass die Links wie Buttons aussehen und sich wie ZURÜCK-Buttons verhalten sollen.

Das href auf dem ZURÜCK-Button ist auf # gesetzt. Normalerweise würde das Ihrem Browser sagen, dass er zum Anfang des aktuellen Dokuments zurückkehren soll. Aber wenn Sie jQTouch nutzen, bewirkt es, dass Sie zum letzten Fenster zurückkehren. In fortgeschritteneren Szenarien sollten Sie hier eventuell einen bestimmten Anker wie #home nutzen, der dem ZURÜCK-Button sagt, dass er zu einem bestimmten Fenster führen soll, egal bei welchem Fenster wir uns unmittelbar zuvor befanden.

Haben wir dieses elementare HTML eingerichtet, wird es Zeit, jQTouch die Bühne betreten zu lassen. Nachdem Sie jQTouch heruntergeladen und in das Verzeichnis entpackt haben, in dem sich auch Ihr HTML-Dokument befindet, müssen Sie bloß noch dem Head Ihrer Seite ein paar Zeilen Code hinzufügen (siehe Beispiel 4-2).

Für dieses Beispiel und die anderen Beispiele in diesem Buch müssen Sie jQTouch unter *http://www.jqtouch.com* herunterladen, entpacken und die *jqtouch*- und *themes*-Verzeichnisse in das gleiche Verzeichnis wie Ihr HTML-Dokument verschieben. Zusätzlich müssen Sie in das Verzeichnis *jqtouch* navigieren und die jQuery-JavaScript-Datei (etwas wie *jquery.1.3.2.min.js*) in *jquery.js* umbenennen.

Beispiel 4-2: Fügen Sie die folgenden Zeilen dem Head des Dokuments hinzu, um jQTouch zu aktivieren.

```
<link type="text/css" rel="stylesheet" media="screen" href="jqtouch/jqtouch.css">❶
<link type="text/css" rel="stylesheet" media="screen" href="themes/jqt/theme.css">❷
<script type="text/javascript" src="jqtouch/jquery.js"></script>❸
<script type="text/javascript" src="jqtouch/jqtouch.js"></script>❹
<script type="text/javascript">❺
    var jQT = $.jQTouch({
        icon: 'kilo.png'
    });
</script>
```

❶ Diese Zeile schließt die Datei *jqtouch.css* ein. Jene Datei definiert einige elementare strukturelle Design-Regeln, die ganz speziell für Animationen, Orientierung und andere Android-spezifische Einzelheiten gedacht sind. Diese Datei ist erforderlich, und eigentlich sollten Sie keine Veranlassung haben, sie zu bearbeiten.

❷ Diese Zeile gibt das CSS für das gewählte Theme an, hier das »jqt«-Theme, das in jQTouch eingebaut ist. Die Klassen, die wir im HTML genutzt haben, entsprechen den Selektoren in diesem Dokument. jQTouch bietet standardmäßig zwei Themes. Ein eigenes können Sie erstellen, indem Sie eines der Standard-Themes kopieren und anpassen oder indem Sie ein neues von Grund auf schreiben.

❸ jQTouch benötigt jQuery, das deswegen hier eingeschlossen werden muss. jQTouch enthält eine eigene jQuery-Kopie (die Sie wie zuvor gesagt in *jquery.js* umbenennen müssen), aber wenn Sie wollen, können Sie auch auf eine andere Version verweisen.

❹ Hier schließen wir jQTouch selbst ein. Beachten Sie, dass Sie jQTouch nach jQuery einschließen müssen - sonst funktioniert es nicht.

❺ Das führt uns zu dem Skript-Block, in dem wir das jQTouch-Objekt initialisieren und einen Eigenschaftswert, icon, übergeben.jQTouch veröffentlicht eine Reihe von Eigenschaften, über die Sie das Verhalten und das Erscheinungsbild Ihrer App anpassen können. Eine Reihe davon werden Ihnen in diesem Buch begegnen, aber sie sind alle optional. Dennoch werden Sie fast immer zumindest einige von ihnen nutzen.Hier sagt icon jQTouch, wo das selbst definierte Home-Screen-Symbol zu finden ist.

Der Unterschied zwischen der App vor jQTouch (siehe Abbildung 4-1) und nach jQTouch (siehe Abbildung 4-2) ist dramatisch, aber das wirklich Erstaunliche ist, dass Sie den Seiten Ihrer Anwendung mit nur 10 Codezeilen ein Gleiten nach links/rechts spendiert haben. jQTouch ist umwerfend, und wir haben gerade erst die ersten Schritte damit gemacht.

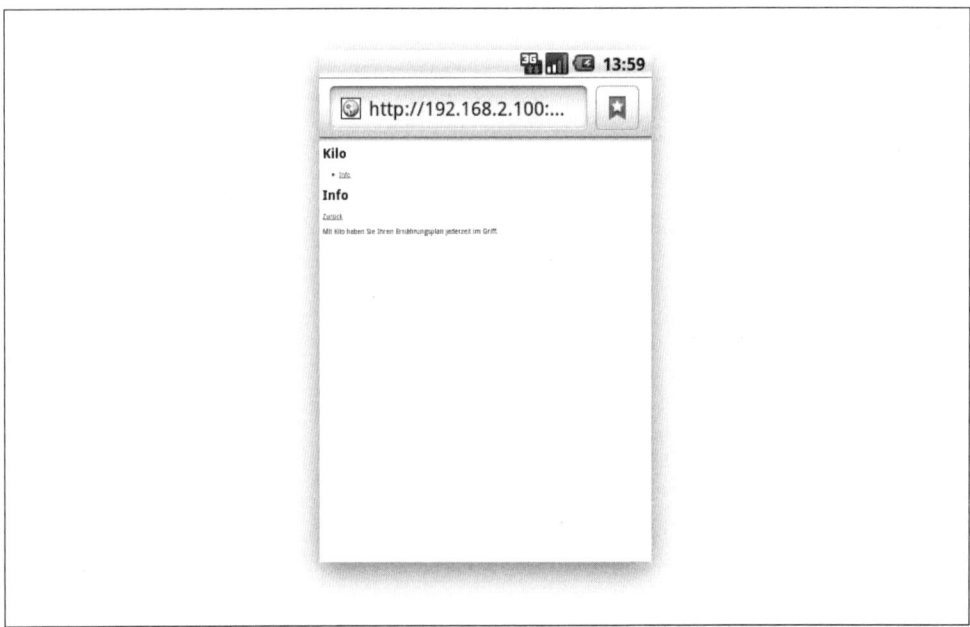

Abbildung 4-1: Kilo vor jQTouch ...

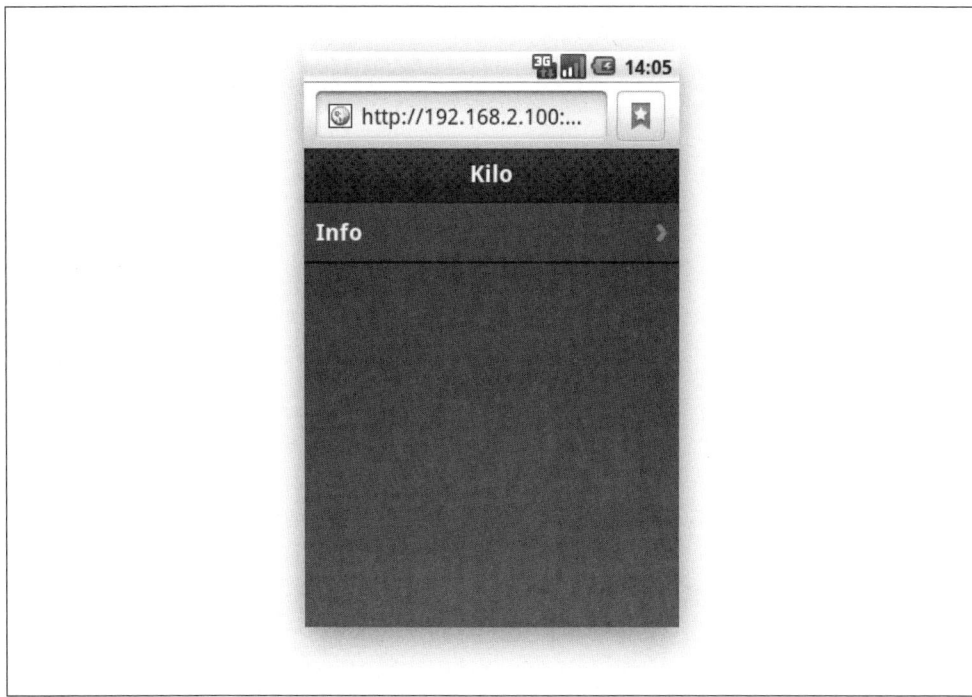

Abbildung 4-2: ... und Kilo nach jQTouch

Die Seite »Tage« hinzufügen

Bauen wir jetzt die Seite TAGE auf. Die Seite TAGE soll eine Liste mit Datumsangaben enthalten, die beim heutigen Tag beginnt und fünf Tage zurückreicht (siehe Abbildung 4-3). Fügen Sie das HTML für die Seite TAGE (das Sie in Beispiel 4-3 sehen) und zwar unmittelbar nach dem INFO-Fenster ein, unmittelbar vor dem schließenden </body> (ich werde Ihnen gleich zeigen, wie Sie auf der Startseite einen Link darauf erstellen).

Beispiel 4-3: Das HTML für das Datumsfenster

```
<div id="dates">
    <div class="toolbar">
        <h1>Dates</h1>
        <a class="button back" href="#">Back</a>
    </div>
    <ul class="edgetoedge">
        <li class="arrow"><a id="0" href="#date">Today</a></li>
        <li class="arrow"><a id="1" href="#date">Yesterday</a></li>
        <li class="arrow"><a id="2" href="#date">2 Days Ago</a></li>
        <li class="arrow"><a id="3" href="#date">3 Days Ago</a></li>
        <li class="arrow"><a id="4" href="#date">4 Days Ago</a></li>
        <li class="arrow"><a id="5" href="#date">5 Days Ago</a></li>
    </ul>
</div>
```

Abbildung 4-3: Die Seite "Tage" besteht aus einer Werkzeugleiste mit einem "Zurück"-Button und einer anklickbaren, auf den heutigen Tag bezogenen Liste von Tagen.

Wie die INFO-Seite hat auch die TAGE-Seite eine Werkzeugleiste mit einem Titel und einem ZURÜCK-Button. Auf die Werkzeugleiste folgt eine ungeordnete edgetoedge-Liste mit Links. Beachten Sie, dass all diese Links eindeutige IDs haben (d.h. 0 bis 5), aber das gleiche href (d.h. #date) – mehr dazu gleich.

Anschließend müssen Sie der Startseite einen Link auf die TAGE-Seite geben. Fügen Sie der Startseite in *index.html* die fettgedruckte Zeile hinzu:

```
<div id="home">
    <div class="toolbar">
        <h1>Kilo</h1>
    </div>
    <ul class="edgetoedge">
        <li class="arrow"><a href="#dates">Tage</a></li>
        <li class="arrow"><a href="#about">Info</a></li>
    </ul>
</div>
```

Und so haben wir ganz im Handumdrehen unserer App eine neue Seite hinzugefügt (siehe Abbildung 4-4). Noch bleibt ein Klick auf einen Eintrag in der Seite TAGE allerdings ohne Wirkung. Beheben wir das, indem wir eine weitere Seite ergänzen, die einen Eintrag aus der Liste anzeigt (die Seite TAG).

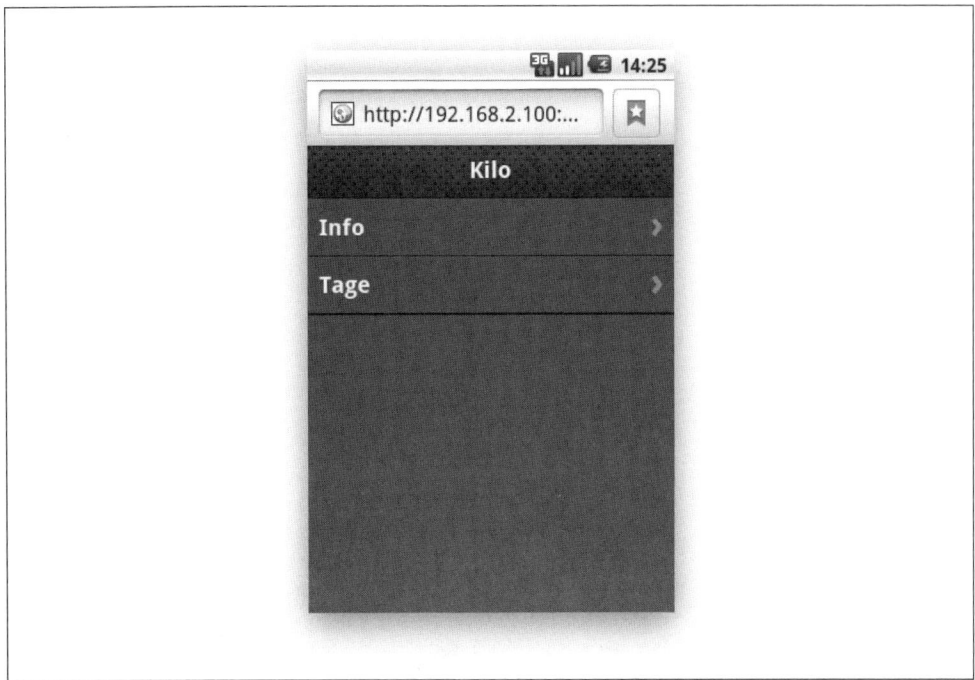

Abbildung 4-4: Die Startseite enthält jetzt einen Link auf die Tage-Seite.

Die Seite »Tag«

Die TAG-Seite weist große Ähnlichkeiten mit den letzten Seiten auf, von einigen Ausnahmen abgesehen (schauen Sie in Beispiel 4-4). Fügen Sie das HTML für die TAG-Seite direkt nach dem für die TAGE-Seite ein, unmittelbar vor dem schließenden </body>-Tag.

Beispiel 4-4: Das HTML für das »Tag«-Fenster

```
<div id="date">
    <div class="toolbar">
        <h1>Tag</h1>
        <a class="button back" href="#">Zurück</a>
        <a class="button slideup" href="#createEntry">+</a>❶
    </div>
    <ul class="edgetoedge">
        <li id="entryTemplate" class="entry" style="display:none">❷
            <span class="label">Beschreibung</span>
            <span class="calories">000</span>
            <span class="delete">Löschen</span>
        </li>
    </ul>
</div>
```

❶ Die Werkzeugleiste der Seite TAG hat einen weiteren Button. Ein Klick darauf öffnet die Seite NEUER EINTRAG (die wir noch nicht erstellt haben). Der Link hat die Klasse slideup, die jQTouch sagt, dass die entsprechende Seite von unten hereingleiten soll, nicht von links oder rechts wie bei der gewöhnlichen Navigation.

❷ Der andere ungewöhnliche Aspekt an dieser Seite ist, dass wir ein Listenelement mit dem Style display:none definieren und damit unsichtbar machen.Wie Sie später sehen werden, werden wir dieses unsichtbare Listenelement als Schablone zur Anzeige von Einträgen nutzen, nachdem diese erstellt wurden. Noch gibt es keine Einträge, die Seite wird also leer sein, sieht man einmal von der Werkzeugleiste ab.

Nachdem Sie die Seite TAG erstellt haben, schiebt jeder Klick auf einen Eintrag in der Seite TAGE die leere Seite TAG in die Ansicht (siehe Abbildung 4-5).

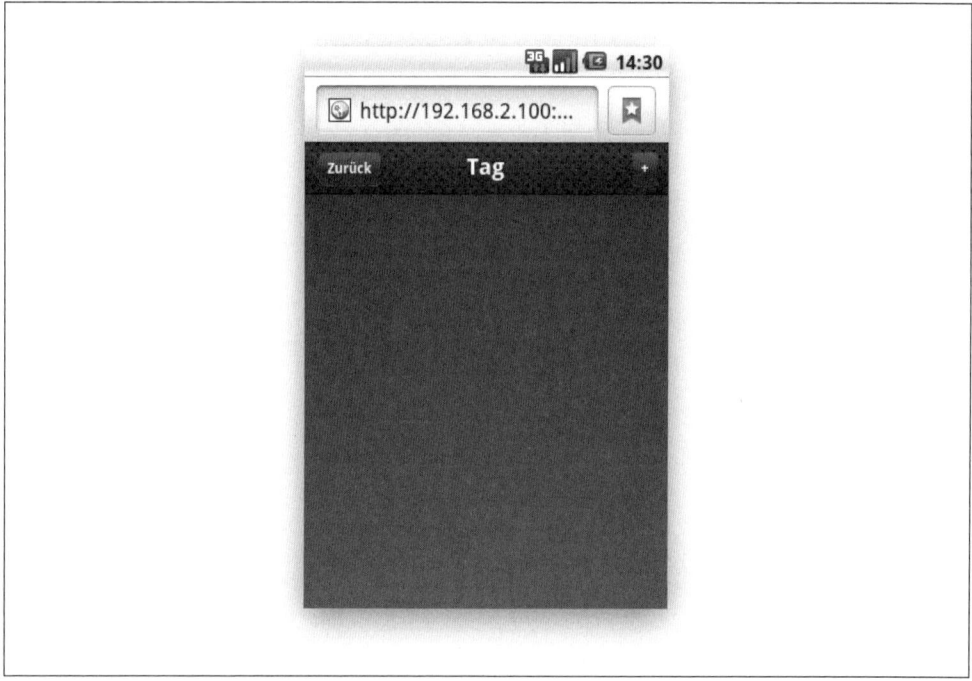

Abbildung 4-5: Von der Werkzeugleiste abgesehen, ist die Seite »Tag« zu Anfang leer.

Die Seite »Neuer Eintrag«

Beispiel 4-5 zeigt den Quellcode für die Seite NEUER EINTRAG. Fügen Sie diesen Code am Ende von *index.html* vor dem schließenden </body>-Tag ein.

Beispiel 4-5: Das HTML für das Fenster »Neuer Eintrag«

```
<div id="createEntry">
    <div class="toolbar">
        <h1>Neuer Eintrag</h1>
        <a class="button cancel" href="#">Abbrechen</a>❶
    </div>
```

```
<form method="post">❷
    <ul class="rounded">
        <li><input type="text" placeholder="Nahrung" name="food" id="food"
            autocapitalize="off" autocorrect="off" autocomplete="off" /></li>
        <li><input type="text" placeholder="Kalorien" name="calories" id="calories"
            autocapitalize="off" autocorrect="off" autocomplete="off" /></li>
        <li><input type="submit" class="submit" name="action"
            value="Eintrag speichern" /></li>❸
    </ul>
</form>
</div>
```

❶ Das Erste, was man zur Seite NEUER EINTRAG anmerken sollte, ist, dass sie keinen ZURÜCK-, sondern einen ABBRECHEN-Button hat.

 ABBRECHEN-Buttons in jQTouch verhalten sich genau so wie ZURÜCK-Buttons: Sie blenden die aktuelle Seite mit der Umkehrung der Animation aus, die gezeigt wurde, als sie eingeblendet wurde. Aber ABBRECHEN-Buttons sind nicht wie ZURÜCK-Buttons wie Pfeile nach links geformt.

Ich habe hier einen ABBRECHEN-Button genutzt, weil das Fenster NEUER EINTRAG von unten hereingleitet und deswegen auch nach unten verschwinden wird. Es würde der Erwartungshaltung widersprechen, würde eine Seite bei einem Klick auf einen ZURÜCK-Button nach unten verschwinden.

❷ Dieses HTML-Formular enthält eine ungeordnete Liste mit drei Elementen: zwei Textfeldern und einem ABSENDEN-Button. Indem wir die Formularsteuerelemente in lis einbetten, ermöglichen wir es dem jqt-Theme, das Formular so zu stylen, wie Sie es in Abbildung 4-6 sehen.Auf den beiden Textfeldern sind jeweils eine ganze Reihe von Attributen definiert:

type="text"
    Gibt an, dass das Steuerelement ein einfaches einzeiliges Textfeld ist.

placeholder
    Ein String, der im Eingabefeld angezeigt wird, solange es leer ist.

name
    Der Name, der mit dem vom Nutzer eingegebenen Wert verknüpft wird, wenn das Formular abgeschickt wird.

id
    Ein eindeutiger Bezeichner für das Element innerhalb der gesamten Seite.

autocapitalize
    Ermöglicht es Ihnen, die automatische Großschreibung des ersten Buchstabens unter Mobile Safari und auf dem iPhone zu steuern. Hat bei Android keine Auswirkungen.

autocorrect
    Ermöglicht es Ihnen, die Rechtschreibkorrektur in Mobile Safari und auf dem iPhone zu steuern. Hat bei Android keinerlei Auswirkungen.

`autocomplete`

Ermöglicht es Ihnen, die Autovervollständigung in Mobile Safari und auf dem iPhone zu steuern. Hat bei Android keine Auswirkungen.

❸ Das `class`-Attribut des ABSENDEN-Buttons verlangt eine Erklärung. Das Android-Gerät zeigt eine Tastatur an, wenn sich der Cursor in einem Feld befindet. Diese Tastatur hat unten rechts einen LOS-Button, der das Formular abgesendet, wenn er angeklickt wird. Wenn Sie wie wir hier die Absenden-Funktion abfangen, entfernt das Absenden über den LOS-Button auf der Tastatur den Cursor nicht aus dem aktiven Feld, und folglich wird auch die Tastatur nicht ausgeblendet. Um das zu beheben, bietet jQTouch eine Hilfsmethode, die automatisch den Cursor aus dem aktiven Feld entfernt, wenn ein Formular abgeschickt wird. Diese Funktion können Sie nutzen, indem Sie den Absenden-Elementen von Formularen die Klasse `submit` hinzufügen.

Abbildung 4-6: Das jqt-Theme sorgt für eine ansprechende Gestaltung der Formularelemente.

Abbildung 4-7 zeigt das Formular NEUER EINTRAG in Aktion. Noch haben wir nichts getan, damit der Eintrag tatsächlich gespeichert wird, wenn der Nutzer auf EINTRAG SPEICHERN klickt. Das werden wir uns in Kapitel 5, »Clientseitige Datenspeicherung«, ansehen.

Abbildung 4-7: Dateneingabe per Tastatur im Formular »Neuer Eintrag«

Die Seite »Einstellungen«

Wir haben noch keinen Button erstellt, über den die Nutzer zur EINSTELLUNGEN-Seite navigieren können. Fügen wir jetzt also einen zur Werkzeugleiste der Startseite hinzu. Dazu benötigen wir nur eine einzige Zeile HTML, die hier fett dargestellt wird:

```
<div id="home">
    <div class="toolbar">
        <h1>Kilo</h1>
        <a class="button flip" href="#settings">Einstellungen</a>❶
    </div>
    <ul class="edgetoedge">
        <li class="arrow"><a href="#dates">Tage</a></li>
        <li class="arrow"><a href="#about">Info</a></li>
    </ul>
</div>
... das restliche HTML sparen wir uns ...
```

❶ Das ist die HTML-Zeile, die den Button hinzufügt (siehe Abbildung 4-8). Beachten Sie, dass wir dem Link die Klasse flip zugewiesen haben. Die Klasse flip weist jQTouch an, den Übergang von der Startseite zur Einstellungsseite zu gestalten, indem die Seite entlang ihrer vertikalen Achse gedreht wird. Um dem Vorgang eine zusätzliche

Dimension zu geben, wird die Seite während der Animation auch noch etwas vergrößert. Schick, nicht wahr?

 Leider ist die Unterstützung von 3D-Animationen auf den unterschiedlichen Mobilplattformen einschließlich Android sehr unausgeglichen. Deswegen weichen *Flip, Swap, Cube* und andere 3D-Animationen auf 2D-Animationen aus, wenn 3D nicht unterstützt wird.

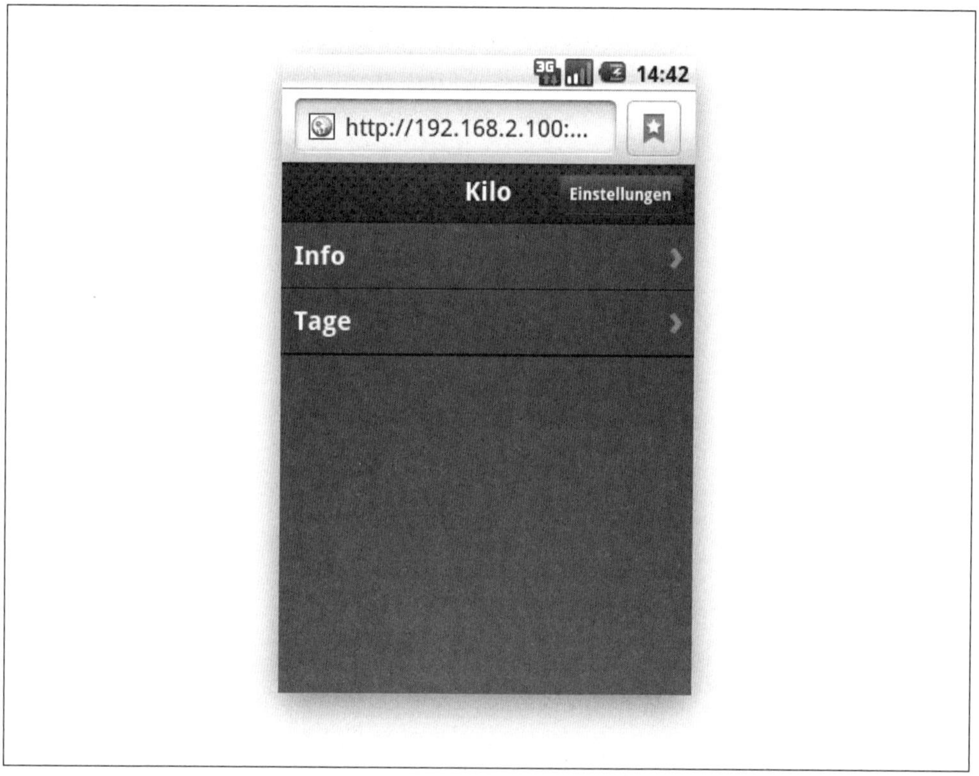

Abbildung 4-8: Der »Einstellungen«-Button wurde der Werkzeugleiste der Startseite hinzugefügt.

Nachdem wir uns um die Seite NEUER EINTRAG gekümmert haben, wird Ihnen das HTML für die Seite EINSTELLUNGEN recht vertraut erscheinen (siehe Beispiel 4-6). Es gibt ein zusätzliches Textfeld, und einige der Attribute wurden weggelassen oder haben andere Werte, aber konzeptionell sind beide gleich. Fügen Sie das genau so Ihrem HTML-Dokument hinzu, wie Sie es bei den anderen Seiten gemacht haben.

Wie das Formular NEUER EINTRAG speichert auch das EINSTELLUNGEN-Formular noch keine der in es eingegebenen Daten (siehe Abbildung 4-9). Den Handler für das Abschicken werden wir im nächsten Kapitel beschreiben.

Beispiel 4-6: Das HTML für das »Einstellungen«-Fenster

```
<div id="settings">
    <div class="toolbar">
        <h1>Einstellungen</h1>
        <a class="button cancel" href="#">Abbrechen</a>
    </div>
    <form method="post">
        <ul class="rounded">
            <li><input placeholder="Alter" type="text" name="age" id="age" /></li>
            <li><input placeholder="Gewicht" type="text" name="weight" id="weight" /></li>
            <li><input placeholder="Budget" type="text" name="budget" id="budget" /></li>
            <li><input type="submit" class="submit" name="action"
                value="Änderungen speichern" /></li>
        </ul>
    </form>
</div>
```

Abbildung 4-9: Das »Einstellungen«-Fenster

Die Teile zusammenfügen

So, Sie haben es also geschafft. Mit weniger als 100 Zeilen Code haben Sie eine nativ gestylte Benutzeroberfläche für eine Anwendung mit fünf Seiten geschaffen, samt drei unterschiedlichen Animationen für die Seitenübergänge. In Beispiel 4-7 finden Sie eine vollständige Fassung des endgültigen HTMLs. Nicht gerade mickrig, stimmt's?

Beispiel 4-7: Der vollständige HTML-Code für die fünfseitige Benutzeroberfläche

```html
<html>
    <head>
        <title>Kilo</title>
        <link type="text/css" rel="stylesheet" media="screen" href="jqtouch/jqtouch.css">
        <link type="text/css" rel="stylesheet" media="screen"
            href="themes/jqt/theme.css">
        <script type="text/javascript" src="jqtouch/jquery.js"></script>
        <script type="text/javascript" src="jqtouch/jqtouch.js"></script>
        <script type="text/javascript">
            var jQT = $.jQTouch({
                icon: 'kilo.png'
            });
        </script>
    </head>
    <body>
        <div id="home">
            <div class="toolbar">
                <h1>Kilo</h1>
                <a class="button flip" href="#settings">Einstellungen</a>
            </div>
            <ul class="edgetoedge">
                <li class="arrow"><a href="#dates">Tage</a></li>
                <li class="arrow"><a href="#about">Info</a></li>
            </ul>
        </div>
        <div id="about">
            <div class="toolbar">
                <h1>Info</h1>
                <a class="button back" href="#">Zurück</a>
            </div>
            <div>
                <p>Mit Kilo haben Sie Ihren Ernährungsplan jederzeit im Griff.</p>
            </div>
        </div>
        <div id="dates">
            <div class="toolbar">
                <h1>Tage</h1>
                <a class="button back" href="#">Zurück</a>
            </div>
            <ul class="edgetoedge">
                <li class="arrow"><a id="0" href="#date">Heute</a></li>
                <li class="arrow"><a id="1" href="#date">Gestern</a></li>
                <li class="arrow"><a id="2" href="#date">Vorgestern</a></li>
                <li class="arrow"><a id="3" href="#date">Vor 3 Tagen</a></li>
                <li class="arrow"><a id="4" href="#date">Vor 4 Tagen</a></li>
                <li class="arrow"><a id="5" href="#date">Vor 5 Tagen</a></li>
            </ul>
        </div>
        <div id="date">
            <div class="toolbar">
                <h1>Date</h1>
                <a class="button back" href="#">Zurück</a>
                <a class="button slideup" href="#createEntry">+</a>
            </div>
            <ul class="edgetoedge">
```

```
            <li id="entryTemplate" class="entry" style="display:none">
                <span class="label">Beschreibung</span>
                <span class="calories">000</span>
                <span class="delete">Löschen</span>
            </li>
        </ul>
    </div>
    <div id="createEntry">
        <div class="toolbar">
            <h1>Neuer Eintrag</h1>
            <a class="button cancel" href="#">Abbrechen</a>
        </div>
        <form method="post">
            <ul class="rounded">
                <li><input type="text" placeholder="Nahrung" name="food" id="food"
                    autocapitalize="off" autocorrect="off" autocomplete="off" /></li>
                <li><input type="text" placeholder="Kalorien" name="calories"
                    id="calories" autocapitalize="off" autocorrect="off"
                    autocomplete="off" /></li>
                <li><input type="submit" class="submit" name="action"
                    value="Eintrag speichern" /></li>
            </ul>
        </form>
    </div>
    <div id="settings">
        <div class="toolbar">
            <h1>Einstellungen</h1>
            <a class="button cancel" href="#">Abbrechen</a>
        </div>
        <form method="post">
            <ul class="rounded">
                <li><input placeholder="Alter" type="text" name="age" id="age" /></li>
                <li><input placeholder="Gewicht" type="text" name="weight"
                    id="weight" /></li>
                <li><input placeholder="Limit" type="text" name="budget"
                    id="budget" /></li>
                <li><input type="submit" class="submit" name="action"
                    value="Änderungen speichern" /></li>
            </ul>
        </form>
    </div>
</body>
</html>
```

jQTouch anpassen

Sie können das jQTouch-Standardverhalten mit einer Vielzahl von Eigenschaften anpassen, die an den Konstruktor übergeben werden. Weiter oben haben Sie mit der Eigenschaft icon schon ein Beispiel dafür gesehen, aber daneben gibt es noch einige weitere Eigenschaften, die Sie kennen sollten (siehe Tabelle 4-1).

Tabelle 4-1: jQTouch-Anpassungsoptionen

Eigenschaft	Standard	Erwartet	Anmerkungen
addGlossToIcon	true	true oder false	Ist diese Eigenschaft auf true gesetzt, wird dem Home-Screen auf dem iPhone Glimmer hinzugefügt. Das hat bei Android keine Auswirkungen.
backSelector	'.back, .cancel, .goback'	Jeden gültigen CSS-Selektor, mehrere Werte können durch Kommata getrennt werden.	Definiert Elemente, die das »Zurück«-Verhalten von jQTouch auslösen, wenn getippt wird. Wenn das »Zurück«-Verhalten aufgerufen wird, wird die aktuelle Seite mit der Umkehrung der Animation ausgeblendet, mit der sie eingeblendet wurde, und aus dem Verlauf entfernt.
cacheGetRequests	true	true oder false	Wenn hier true gesetzt ist, werden GET-Anfragen automatisch zwischengespeichert, damit nachfolgende Klicks die bereits geladenen Daten referenzieren.
cubeSelector	'.cube'	Jeden gültigen CSS-Selektor, mehrere Werte können durch Kommata getrennt werden.	Definiert Elemente, die eine Cube-Animation von der aktuellen Seite zur Zielseite anstoßen.
dissolveSelector	'.dissolve'	Jeden gültigeen CSS-Selektor, mehrere Werte können durch Kommata getrennt werden.	Definiert Elemente, die eine Dissolve-Animation von der aktuellen Seite zur Zielseite anstoßen.
fadeSelector	'.fade'	Jeden gültigen CSS-Selektor, mehrere Werte können durch Kommata getrennt werden.	Definiert Elemente, die eine Fade-Animation von der aktuellen Seite zur Zielseite anstoßen.
fixedViewport	true	true oder false	Ist diese Eigenschaft auf true gesetzt, verhindert sie, dass Nutzer in die Seite oder aus der Seite heraus zoomen können.
flipSelector	'.flip'	Jeden gültigen CSS-Selektor, mehrere Werte können durch Kommata getrennt werden.	Definiert Elemente, die eine Flip-Animation von der aktuellen Seite zur Zielseite anstoßen.
formSelector	'form'	Jeden gültigen CSS-Selektor, mehrere Werte können durch Kommata getrennt werden.	Definiert Elemente, die den Onsubmit-Handler erhalten sollten.

Tabelle 4-1: jQTouch-Anpassungsoptionen (Fortsetzung)

Eigenschaft	Standard	Erwartet	Anmerkungen
fullScreen	true	true oder false	Nur iPhone; hat bei Android keine Auswirkungen. Ist diese Eigenschaft auf true gesetzt, wird Ihre App im Full-Screen-Modus geöffnet, wenn sie vom Home-Screen des Benutzers gestartet wird. Hat keine Auswirkungen auf die Anzeige, wenn die App in Mobile Safari läuft.
fullScreenClass	'fullscreen'	String	Nur iPhone; hat bei Android keine Auswirkungen. Der Klassenname, der auf den Body angewandt wird, wenn die App im Vollbild-Modus gestartet wird. Ermöglicht Ihnen, eigenes CSS zu schreiben, das nur wirksam wird, wenn Ihre App im Vollbildmodus ausgeführt wird.
icon	null	null oder einen relativen oder einen absoluten Pfad auf eine *.png*-Bilddatei	Das Home-Screen-Symbol für Ihre App. Das ist das Bild, das angezeigt wird, wenn ein Anwender seinem Home-Screen ein Lesezeichen für Ihre App hinzufügt.
popSelector	'.pop'	Jeden gültigen CSS-Selektor, mehrere Werte können durch Kommata getrennt werden.	Definiert Elemente, die eine Pop-Animation von der aktuellen Seite zur Zielseite anstoßen.
preloadImages	false	Ein Array mit Bildpfaden	Definiert Bilder, die geladen werden, bevor die Seite geladen wird. Zum Beispiel: ['images/link_over.png', 'images/link_select.png']
slideInSelector	'ul li a'	Jeden gültigen CSS-Selektor, mehrere Werte können durch Kommata getrennt werden.	Definiert Elemente, die eine Slide-Left-Animation von der aktuellen Seite zur Zielseite anstoßen.
slideupSelector	'.slideup'	Jeden gültigen CSS-Selektor, mehrere Werte können durch Kommata getrennt werden.	Definiert Elemente, die die Zielseite veranlassen, von unten über die aktuelle Seite zu gleiten.
startupScreen	null	null oder ein relativer oder absoluter Pfad zu einer Bilddatei	Nur iPhone, hat bei Android keine Auswirkungen. Übergeben Sie den relativen oder absoluten Pfad zu einem 320 px × 460 px großen Bild für den Startbildschirm einer Vollbild-App. Nutzen Sie ein 320 px × 480 px großes Bild, wenn Sie statusBar auf black-translucent setzen.

Tabelle 4-1: jQTouch-Anpassungsoptionen (Fortsetzung)

Eigenschaft	Standard	Erwartet	Anmerkungen
statusBar	'default'	default, black-translucent, black	Nur iPhone, hat bei Android keine Auswirkungen. Definiert das Erscheinungsbild der 20-px-Statusleiste oben im Fenster einer App, die im Vollbildmodus gestartet wurde.
submitSelector	'.submit'	Jeden gültigen CSS-Selektor, mehrere Werte können durch Kommata getrennt werden.	Der Selektor, der bei einem Klick sein Formular abschickt (und die Tastatur schließt, falls diese geöffnet ist).
swapSelector	'.swap'	Jeden gültigen CSS-Selektor, mehrere Werte können durch Kommata getrennt werden.	Definiert Elemente, die die aktuelle Seite in die Zielseite umkippen.
useAnimations	true	true oder false	Setzen Sie diese Eigenschaft auf false, um alle Animationen abzuschalten.

Was Sie gelernt haben

In diesem Kapitel haben Sie gelernt, wie man einer Web-App mit jQTouch nativ wirkende Animationen hinzufügt. Im nächsten Kapitel werden Sie erfahren, wie man die neuen HTML5-Funktionen für lokalen Speicher und clientseitige Datenbanken nutzt, um einer App eine persistente Speicherung zu spendieren.

KAPITEL 5

Clientseitige Datenspeicherung

Die meisten Anwendungen können ihre Aufgabe nur erfüllen, wenn sie Daten irgendwie dauerhaft speichern können. Bei Webanwendungen wird diese Aufgabe traditionellerweise entweder über eine serverseitige Datenbank oder über im Browser gesetzte Cookies erfüllt. Das Aufkommen von HTML5 bietet Webentwicklern jetzt einige weitere Möglichkeiten: *Web Storage* und *Web SQL Database*.

Web Storage

Web Storage gibt es in zwei Varianten – `localStorage` und `sessionStorage` –, die beide Cookies darin ähneln, dass sie es Ihnen ermöglichen, mit JavaScript benannte Name/Wert-Paare zu setzen, die zwischen Seitenaufrufen erhalten bleiben.

Anders als Cookies werden die Web Storage-Daten aber nicht mit jeder Browser-Anfrage versendet, sondern verbleiben vollständig auf dem Client. Deswegen können erheblich mehr Daten gespeichert werden als mit Cookies.

 Als dies geschrieben wurde, waren die Schranken, die Browser für die Web Storage-Datenmenge aufstellen, noch nicht fixiert. Meine letzten Tests deuteten jedoch darauf hin, dass die Obergrenze aktuell bei rund 2,5 MB liegt.

Funktionell sind `localStorage` und `sessionStorage` äquivalent. Sie unterscheiden sich nur in Bezug auf die Persistenz und die Gültigkeit:

`localStorage`
> Daten bleiben erhalten, nachdem das Fenster geschlossen wurde, und sind für alle Fenster (oder Tabs) verfügbar, die von der gleichen Quelle geladen werden (Domainname, Protokoll und Port müssen identisch sein). Das ist für Dinge wie Anwendungseinstellungen geeignet.

`sessionStorage`
> Daten werden auf dem `window`-Objekt gespeichert. Andere Fenster/Tabs sehen die Werte nicht, und die Daten werden verworfen, wenn das Fenster/Tab geschlossen

wird. Das ist für Dinge wie fensterspezifische Zustände wie die Hervorhebung des aktiven Tabs oder die Sortierfolge einer Tabelle geeignet.

 In allen folgenden Beispielen können Sie einfach jedes Vorkommen von `localStorage` durch `sessionStorage` ersetzen. Denken Sie allerdings daran, dass `sessionStorage` verschwindet, wenn das Fenster oder Tab geschlossen wird.

Das Setzen eines Wertes ist ein Kinderspiel:

```
localStorage.setItem('age', 40);
```

Der Zugriff auf einen gespeicherten Wert ebenfalls:

```
var age = localStorage.getItem('age');
```

Folgendermaßen können Sie ein bestimmtes Schlüssel/Wert-Paar aus dem Speicher löschen:

```
localStorage.removeItem('age');
```

Oder so sämtliche Schlüssel/Wert-Paare:

```
localStorage.clear();
```

Wenn Ihre Schlüssel gültige JavaScript-Bezeichner sind (d.h., sie enthalten keine Leerzeichen und keine Interpunktionszeichen außer dem Unterstrich), können Sie alternativ folgende Syntax nutzen:

```
localStorage.age = 40        // Setzt den age-Wert
var age = localStorage.age;  // Holt den age-Wert
delete localStorage.age;     // Entfernt age aus der Speicherung
```

 Die `localStorage`- und `sessionStorage`-Schlüssel werden separat gespeichert. Es kommt also nicht zu Konflikten, wenn Sie für beide Schlüssel gleichen Namens nutzen.

Benutzereinstellungen in lokalem Speicher speichern

Machen wir uns an ein praktisches Beispiel. Aktualisieren wir die EINSTELLUNGEN-Seite der Beispielanwendung, deren Erstellung wir in Kapitel 4, »Animationen« begonnen haben, damit die Formularwerte in `localStorage` gespeichert werden.

Wir werden in diesem Kapitel eine ganze Menge JavaScript schreiben, das ich nicht einfach in den Head-Abschnitt unseres HTML-Dokuments quetschen will, da das unseren Code recht chaotisch machen würde. Erstellen Sie deswegen im gleichen Verzeichnis wie die HTML-Datei eine Datei namen *kilo.js*, und fügen Sie in den head-Abschnitt des HTML-Dokuments einen Link auf *kilo.js* ein:

```
<head>
    <title>Kilo</title>
    <link type="text/css" rel="stylesheet" media="screen"
```

```
        href="jqtouch/jqtouch.css">
    <link type="text/css" rel="stylesheet" media="screen"
        href="themes/jqt/theme.css">
    <script type="text/javascript" src="jqtouch/jquery.js"></script>
    <script type="text/javascript" src="jqtouch/jqtouch.js"></script>
    <script type="text/javascript" src="kilo.js"></script>
</head>
```

Aufmerksame Leser haben sicher bemerkt, dass ich außerdem den jQTouch-Konstruktor aus dem Head des HTML-Dokuments entfernt habe. Aber er ist nicht einfach verschwunden. Ich habe ihn einfach in *kilo.js* verschoben. Achten Sie darauf, dass auch Sie ihn aus der Haupt-HTML-Datei entfernen. Erstellen Sie die Datei *kilo.js* im gleichen Verzeichnis mit folgendem Inhalt. Laden Sie das HTML-Dokument in Ihrem Browser neu, und prüfen Sie, dass alles noch funktioniert:

```
var jQT = $.jQTouch({
    icon: 'kilo.png'
});
```

Nachdem wir diese Umorganisation unseres Codes hinter uns haben, können wir uns an den Aufbau des Codes machen, der die Einstellungen speichert. Sie müssen die Absenden-Aktion des EINSTELLUNGEN-Formulars überschreiben und durch eine eigene Funktion namens saveSettings() ersetzen. Dank jQuery können Sie das mit einer einzigen Zeile Code erledigen, die Sie in die Document-Ready-Funktion stecken müssen. Fügen Sie *kilo.js* Folgendes hinzu:

```
$(document).ready(function(){
    $('#settings form').submit(saveSettings);
});
```

Das bewirkt, dass das Formular nicht wirklich abgeschickt, sondern durch diese Funktion verarbeitet wird, wenn der Nutzer auf Absenden klickt.

Wird die Funktion saveSettings() aufgerufen, ruft sie mit jQuerys val()-Funktion die Werte aus den drei Formularfeldern ab und speichert diese in localStorage-Variablen gleichen Namens. Fügen Sie diese Funktion *kilo.js* hinzu:

```
function saveSettings() {
    localStorage.age = $('#age').val();
    localStorage.budget = $('#budget').val();
    localStorage.weight = $('#weight').val();
    jQT.goBack();
    return false;
}
```

Sind die Werte gespeichert, nutzen wir jQuerys goBack()-Funktion (auf der vorletzten Zeile), um die Seite zu schließen und zur vorangehenden zurückzukehren. Dann wird false geliefert, um die Standardaktion des Submit-Events zu unterbinden, das diese Funktion anstößt. Hätten wir diese Zeile weggelassen, wäre die aktuelle Seite neu geladen worden, was wir eigentlich vermeiden wollen.

Jetzt kann der Nutzer die App starten, zur Seite EINSTELLUNGEN navigieren, seine Einstellungen eingeben und das Formular absenden, um die Einstellungen in localStorage zu speichern.

Da wir die Felder nicht leeren, wenn das Formular abgeschickt wird, bleiben die eingegebenen Werte erhalten, wenn der Benutzer später zur EINSTELLUNGEN-Seite zurückkehrt. Das liegt aber nicht daran, dass die Werte in localStorage gespeichert sind. Sondern es liegt schlicht daran, dass sie immer noch vorhanden sind, nachdem sie eingegeben wurden.

Startet der Nutzer die Anwendung neu und geht dann zur EINSTELLUNGEN-Seite, bleiben die Felder deswegen leer, obwohl die Werte gespeichert wurden.

Um das zu beheben, müssen wir die Einstellungen mit der Funktion loadSettings() laden. Fügen Sie *kilo.js* dazu die folgende Funktion hinzu:

```
function loadSettings() {
    $('#age').val(localStorage.age);
    $('#budget').val(localStorage.budget);
    $('#weight').val(localStorage.weight);
}
```

Die Funktion loadSettings() ist das Gegenstück zu saveSettings(). Sie nutzt jQuerys val()-Funktion, um die drei Werte des EINSTELLUNGEN-Formulars auf die entsprechenden in localStorage gespeicherten Werte zu setzen.

Jetzt haben wir eine loadSettings()-Funktion und müssen diese anstoßen. Der offensichtlichste Zeitpunkt dafür ist der Start der Anwendung. Das erreichen Sie, indem Sie der Document-Ready-Funktion in *kilo.js* einfach folgende Zeile hinzufügen:

```
$(document).ready(function(){
    $('#settings form').submit(saveSettings);
    loadSettings();
});
```

Leider lässt das Laden beim Start ein Lücke, die sichtbar wird, wenn der Nutzer zu den Einstellungen geht, einige Werte ändert und dann auf ABBRECHEN tippt, ohne das Formular abzusenden.

Die frisch geänderten Werte befinden sich dann immer noch im Formular, wenn der Benutzer die Einstellungen wieder öffnet. Aber nicht, weil sie gespeichert wurden (denn das wurden sie nicht), sondern weil sie sich immer noch dort befinden. Startet der Nutzer die App neu, werden die gespeicherten Werte wiederhergestellt, weil sie von loadSettings() beim Start neu gelesen werden.

Das lässt sich auf unterschiedliche Weise beheben, aber mir scheint es am passendsten zu sein, die angezeigten Werte bei jeder Bewegung der EINSTELLUNGEN-Seite aufzufrischen, egal ob sie sich auf den Bildschirm bewegt oder von ihm herunter.

Dank jQTouch muss man dazu einfach die Funktion loadSettings() an das pageAnimationStart-Event der EINSTELLUNGEN-Seite binden. Ersetzen Sie die gerade eingefügte Zeile durch den fett dargestellten Code:

```
$(document).ready(function(){
    $('#settings form').submit(saveSettings);
    $('#settings').bind('pageAnimationStart', loadSettings);
});
```

Das JavaScript in der Datei *kilo.js* bietet jetzt Datenpersistenzunterstützung für die Einstellungen-Seite. Wenn Sie sich den Code ansehen, mit dem wir das bewirkt haben, sehen Sie, dass da nicht viel dran ist. Hier ist der gesamte Inhalt von *kilo.js*, den wir bisher erstellt haben:

```
var jQT = $.jQTouch({
    icon: 'kilo.png'
});
$(document).ready(function(){
    $('#settings form').submit(saveSettings);
    $('#settings').bind('pageAnimationStart', loadSettings);
});
function loadSettings() {
    $('#age').val(localStorage.age);
    $('#budget').val(localStorage.budget);
    $('#weight').val(localStorage.weight);
}
function saveSettings() {
    localStorage.age = $('#age').val();
    localStorage.budget = $('#budget').val();
    localStorage.weight = $('#weight').val();
    jQT.goBack();
    return false;
}
```

Das ausgewählte Datum im Sitzungsspeicher speichern

Unser eigentliches Ziel ist es, die TAG-Seite so einzurichten, dass sie bei der Anzeige in der Datenbank alle Einträge für dieses Datum nachschlägt und diese als Liste über die gesamte Bildschirmbreite anzeigt. Dazu muss die TAG-Seite wissen, auf welchen Tag der Nutzer auf der Seite TAGE getippt hat.

Außerdem möchten wir dem Nutzer das Hinzufügen und Löschen von Datenbankeinträgen ermöglichen. Wir müssen also Unterstützung für den +-Button, den die TAG-Seite bereits enthält, und für den LÖSCHEN-Button in der Eingabeschablone der TAG-Seite (mehr dazu später) einbauen.

Der erste Schritt ist, dass wir der Tag-Seite mitteilen, auf welches Element der Nutzer klickte, als er über TAGE zu ihr navigierte. Mit diesen Informationen können Sie den erforderlichen Datumskontext berechnen. Dazu müssen Sie der Document-Ready-Funktion in *kilo.js* ein paar weitere Zeilen hinzufügen:

```
$(document).ready(function(){
    $('#settings form').submit(saveSettings);
    $('#settings').bind('pageAnimationStart', loadSettings);
    $('#dates li a').click(function(){❶
        var dayOffset = this.id;❷
        var date = new Date();❸
```

```
            date.setDate(date.getDate() - dayOffset);
            sessionStorage.currentDate = date.getDate() + '.' +
                            (date.getMonth() + 1) + '.' +
                            date.getFullYear();❹
        refreshEntries();❺
    });
});
```

❶ Auf dieser Zeile bindet jQuerys `click()`-Funktion den nachfolgenden JavaScript-Code an das `click`-Event der Links auf der Tage-Seite.

❷ Diese Zeile ruft die ID des angeklickten Objekts ab und speichert sie in der Variablen `dayOffset`. Vielleicht erinnern Sie sich: Die Links auf der Seite Tage haben IDs von 0 bis 5. Die ID des angeklickten Links entspricht also der Anzahl von Tagen, die erforderlich sind, um das angeklickte Datum zu berechnen (d.h., 0 Tage zurück ist gleich heute, 1 Tag zurück ist gleich gestern, 2 Tage zurück ist gleich vorgestern).

 In diesem Kontext enthält das Schlüsselwort `this` eine Referenz auf das Objekt, das das Ziel des Click-Events war.

❸ Diese Zeile erstellt ein neues JavaScript-Date-Objekt und speichert es in einer Variablen namens `date`. Zu Anfang wird dieses auf den Moment seiner Erstellung gesetzt sein. Deswegen ziehen wir auf der nächsten Zeile `dayOffset` vom Ergebnis der `getDate()`-Funktion ab und nutzen `setDate()`, um das Datum auf das ausgewählte Datum zu ändern (ein `dayOffset`0 wäre heute, 1 gestern und so weiter).

❹ Dieser Code erzeugt einen TT.MM.JJJJ-formatierten Datumsstring und speichert ihn als `currentDate` in `sessionStorage`. (Die Klammer um `date.getMonth() + 1` ist erforderlich, damit der +-Operator als numerischer Operator und nicht als Stringverkettungsoperator verstanden wird.)

 Die `getMonth()`-Methode von Date liefert Werte zwischen 0–11, wobei 0 Januar entspricht. Deswegen müssen wir 1 hinzufügen, um den erforderlichen Wert für den formatierten String zu generieren.

❺ Schließlich rufen wir die Funktion `refreshEntries()` auf. Die Aufgabe dieser Funktion ist die Aktualisierung der Tag-Seite auf Basis des Tags, auf den der Anwender auf der Seite Tage tippte. Aktuell wollen wir uns nur darum kümmern, dass der Titel in der Werkzeugleiste der Seite Tag aktualisiert wird, damit Sie sehen können, dass es funktioniert. Bislang sehen Sie einfach das Wort »Tag«, wie Sie in Abbildung 5-1 sehen. Abbildung 5-2 zeigt die Funktion `refreshEntries()` bei der Arbeit. Fügen Sie zu *kilo.js* die folgende Funktion hinzu:

```
function refreshEntries() {
    var currentDate = sessionStorage.currentDate;
    $('#date h1').text(currentDate);
}
```

Als Nächstes werden wir uns eine mächtigere und komplexere Methode zur clientseitigen Datenspeicherung ansehen, die wir nutzen werden, um die Nahrung-Einträge auf der Seite Tag zu speichern.

Web SQL Database

Von allen aufregenden Funktionen von HTML5 ist *Web SQL Database* die, die meiner Arbeit die meisten Impulse gibt. Die Web SQL Database-Spezifikation bietet Entwicklern eine einfache, aber mächtige JavaScript-Datenbank-API zur Speicherung persistenter Daten in einer lokalen SQLite- Datenbank.

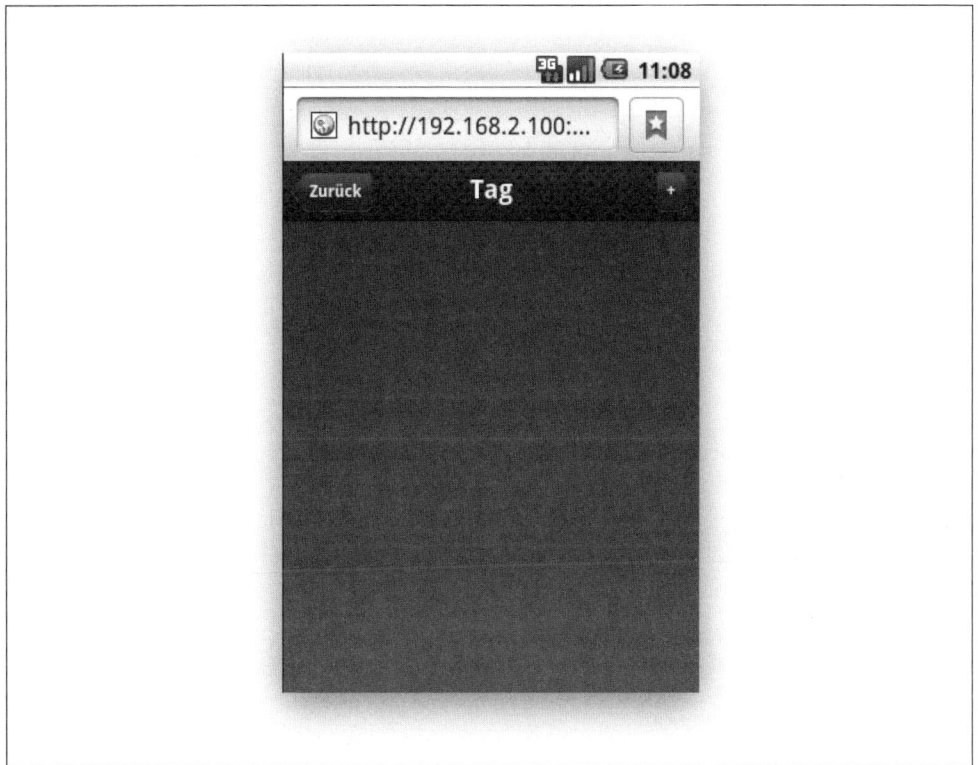

Abbildung 5-1: Vor dem Einfügen der Funktion »refreshEntries()« sagt der Titel einfach »Tag«, ...

 Genau genommen ist die Web SQL Database-Spezifikation nicht Teil von HTML5. Sie wurde aus der ursprünglichen HTML5-Spezifikation herausgelöst und in eine eigene Spezifikation ausgelagert. Aber gewöhnlich bezeichnet man die entsprechenden Funktionalitäten immer noch als »HTML5-Funktionen«.

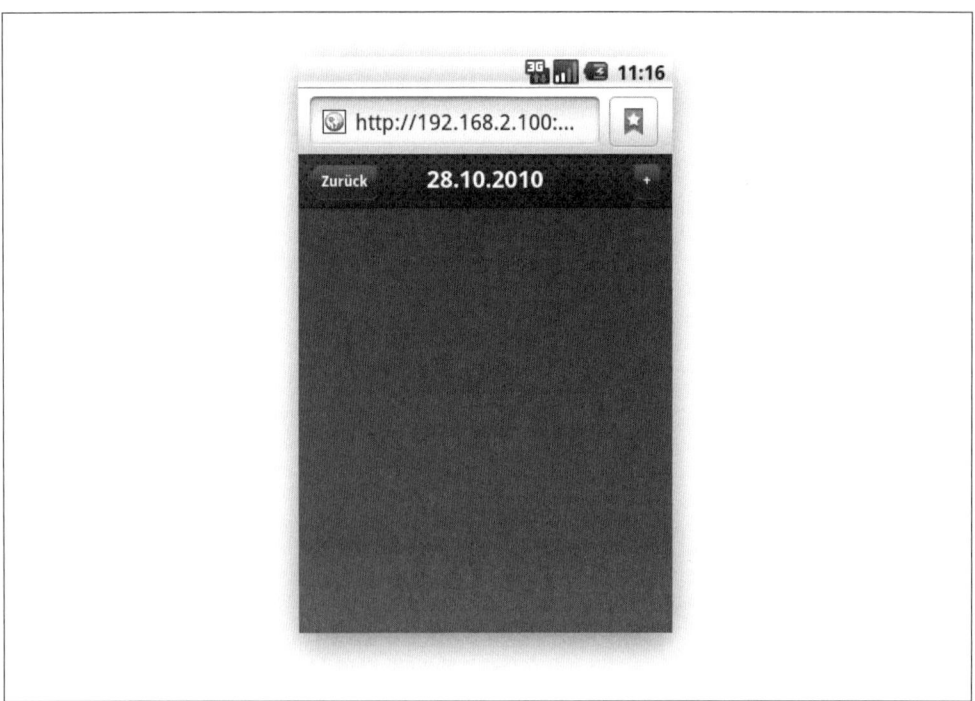

Abbildung 5-2: ... und nach »refreshEntries()« gibt der Titel das ausgewählte Datum an.

Entwickler können mit gewöhnlichen SQL-Anweisungen Tabellen erstellen und Zeilen einfügen, auswählen, aktualisieren oder löschen. Die JavaScript-Datenbank-API bietet sogar Unterstützung für Transaktionen. Dass wir es hier mit SQL zu tun haben, kompliziert die Sache natürlich etwas. Aber da diese Funktion die Landschaft vollkommen umkrempelt, ist die Zeit, die Sie dafür aufwenden, wahrscheinlich eine sehr gute Investition.

Eine Datenbank erstellen

Unsere TAG-Seite weiß jetzt, welchen Tag der Nutzer ausgewählt hat, hat also alle Informationen, die sie benötigt, um dem Benutzer die Erstellung von Einträgen zu ermöglichen. Bevor wir die Funktion createEntry() erstellen können, müssen wir eine Datenbanktabelle einrichten, in der wir die abgeschickten Daten speichern können (das ist eine einmalige Operation). Wir werden *kilo.js* dazu ein paar Zeilen hinzufügen:

```
var db;❶
$(document).ready(function(){
    $('#settings form').submit(saveSettings);
    $('#settings').bind('pageAnimationStart', loadSettings);
    $('#dates li a').click(function(){
        var dayOffset = this.id;
        var date = new Date();
        date.setDate(date.getDate() - dayOffset);
```

```
          sessionStorage.currentDate = date.getMonth() + 1 + '/' +
                                        date.getDate() + '/' +
                                        date.getFullYear();
        refreshEntries();
    });
    var shortName = 'Kilo';❷
    var version = '1.0';
    var displayName = 'Kilo';var maxSize = 65536;
    db = openDatabase(shortName, version, displayName, maxSize);❸
    db.transaction(❹
        function(transaction) {❺
            transaction.executeSql(❻
                'CREATE TABLE IF NOT EXISTS entries ' +
                ' (id INTEGER NOT NULL PRIMARY KEY AUTOINCREMENT, ' +
                '   date DATE NOT NULL, food TEXT NOT NULL, ' +
                ' calories INTEGER NOT NULL );'
            );
        }
    );
});
```

❶ Das erste Bemerkenswerte hier ist die Variable namens db im globalen Geltungsbereich der Anwendung. Diese Variable hält eine Referenz auf die Datenbankverbindung fest, nachdem wir diese hergestellt haben. Sie wird im globalen Geltungsbereich definiert, weil wir auf sie an den unterschiedlichsten Stellen zugreifen müssen.

❷ Diese vier Zeilen definieren einige Variablen für den openDatabase-Aufruf:

shortName
Ein String, der auf die Datenbankdatei auf der Festplatte verweist.

version
Eine Zahl zur Steuerung von Aktualisierung und Rückwärtskompatibilität, wenn Sie das Datenbankschema ändern müssen (d.h., die Datenbank-Version beim Start der App prüfen und eine neue Datenbank erstellen und die alten Daten in die neue verschieben, wenn die Datenbank zu alt ist).

displayName
Ein String, der dem Benutzer auf GUI-Ebene angezeigt wird. Beispielsweise erscheint dieser Name im STORAGE-Tab der Entwicklertools in der Chrome Desktop-Version (DARSTELLUNG→ENTWICKLER→ENTWICKLERTOOLS).

maxSize
Die maximale Anzahl Kilobytes, die Ihre Datenbank einnehmen darf.

Die Größenbeschränkungen für Datenbanken werden aktuell erst in Browsern implementiert, aber das W3C empfiehlt eine willkürliche Schranke von 5 MB pro Herkunft. Übersteigt Ihre Datenbank diese Grenze, wird der Benutzer automatisch gefragt, ob er eine Änderung der Größe zulassen will. Gestattet er die Vergrößerung, wird die Größenbeschränkung Ihrer Datenbank auf 10 MB erhöht. Verweigert er sie, wird ein QUOTA_ERR-Fehler geliefert. Eine Liste der Datenbank-Fehlercodes finden Sie in Tabelle 5-1.

❸ Nachdem die Parameter eingerichtet sind, ruft diese Zeile openDatabase auf und speichert die Verbindung in der Variablen db. Existiert die Datenbank noch nicht, wird sie erstellt.

❹ Alle Datenbankabfragen müssen im Kontext einer Transaktion erfolgen, deswegen rufen wir hier zunächst die transaction-Methode des db-Objekts auf. Die verbleibenden Zeilen bilden eine Funktion, die der Transaktion als einziger Parameter gesendet wird.

❺ Diese Zeile beginnt eine anonyme Funktion und übergibt ihr das Transaktionsobjekt. Ich will ehrlich sein: Ich finde es schon recht seltsam, dass man das Transaktionsobjekt an die eigene Callback-Funktion übergeben muss (warum nimmt man nicht einfach this?), aber genau das muss man tun.

❻ Befinden wir uns in der Funktion, rufen wir einfach die executeSql-Methode des Transaktionsobjekts auf und führen eine ganz gewöhnliche CREATE TABLE- Anweisung aus. Die Klausel IF NOT EXISTS verhindert, dass die Tabelle neu erstellt wird, wenn sie bereits existiert.

Würden Sie die App im jetzigen Zustand starten, würde sie auf dem Android-Gerät eine Datenbank namens *Kilo* erstellen.

In der Desktop-Version von Chrome können Sie Ihre Datenbanken betrachten und bearbeiten, indem Sie Darstellung→Entwickler→Entwicklertools wählen und auf den Tab Storage klicken.

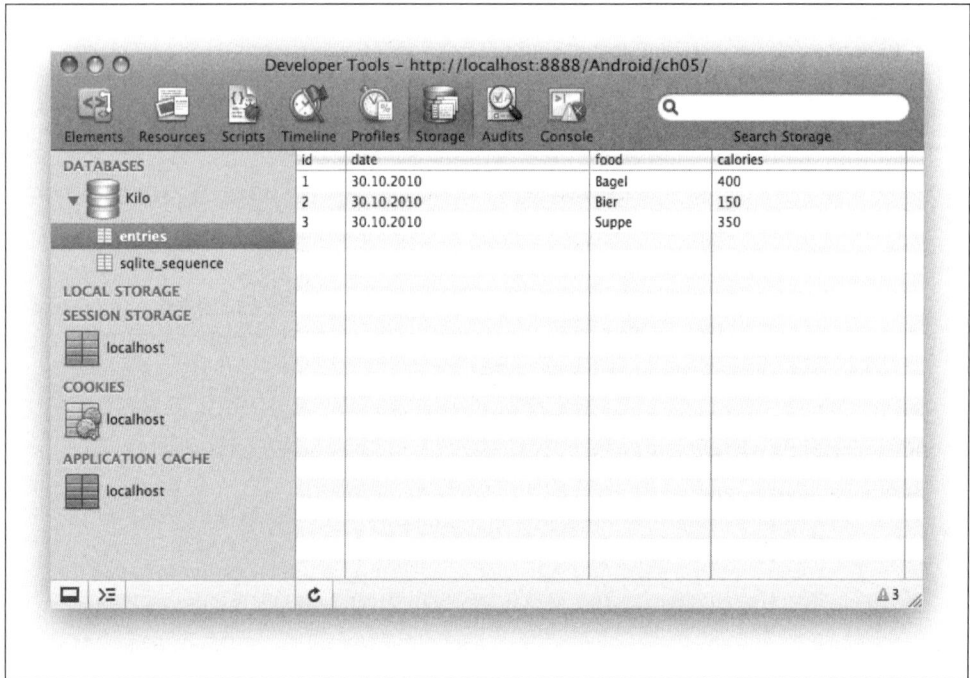

Abbildung 5-3: Das »Storage«-Tab in den Entwicklertools von Chrome mit einigen Testdatensätzen

Die Entwicklertools, die in der Desktop-Version von Chrome enthalten sind, sind äußerst nützlich beim Debugging. Standardmäßig erscheinen sie als eigener Bereich im aktuellen Browserfenster. Wenn Sie auf das Undock-Symbol klicken (lassen Sie die Maus über den Symbolen unten links schweben, um mehr zu ihrer Funktion zu erfahren), erscheinen sie so wie in Abbildung 5-3 in einem eigenen Fenster. Über die Schnittstelle können Sie sogar beliebige SQL-Abfragen an die Datenbank schicken, indem Sie einfach auf den Datenbanknamen klicken (siehe Abbildung 5-4).

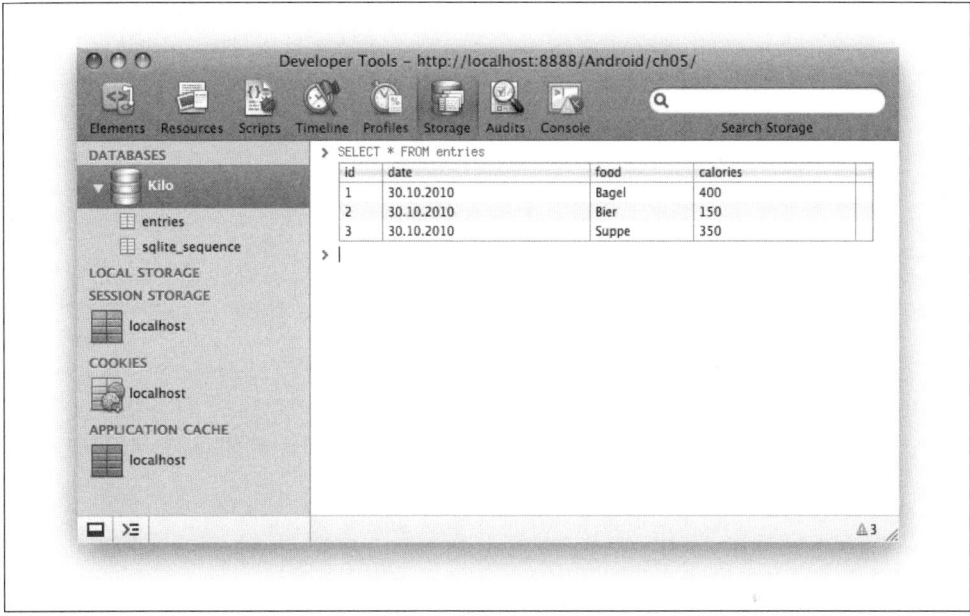

Abbildung 5-4: Das »Storage«-Tab in Chromes Entwicklertools ermöglicht es Ihnen, beliebige SQL-Anweisungen auf Ihrer Datenbank auszuführen.

Zeilen einfügen

Nachdem wir die Datenbank zur Aufnahme von Einträgen eingerichtet haben, können wir darangehen, die Funktion createEntry() zu erstellen. Zunächst müssen wir das Submit-Event des Formulars #createEntry überschreiben. Das können Sie tun, indem Sie in der Document-Ready-Funktion in *kilo.js* die Funktion createEntry() an das Submit-Event binden (hier zeige ich nur die ersten paar Zeilen, darunter fett dargestellt, die neue):

```
$(document).ready(function(){
    $('#createEntry form').submit(createEntry);
    $('#settings form').submit(saveSettings);
    $('#settings').bind('pageAnimationStart', loadSettings);
    ...
```

Wenn ein Nutzer das Formular #createEntry abschickt, wird jetzt die Funktion create-Entry() aufgerufen. Fügen Sie *kilo.js* dann Folgendes hinzu, um den Eintrag in der Datenbank zu erstellen:

```
function createEntry() {
    var date = sessionStorage.currentDate;❶
    var calories = $('#calories').val();
    var food = $('#food').val();
    db.transaction(❷
        function(transaction) {
            transaction.executeSql(
                'INSERT INTO entries (date, calories, food) VALUES (?, ?, ?);',
                [date, calories, food],
                function(){
                    refreshEntries();
                    jQT.goBack();
                },
                errorHandler
            );
        }
    );
    return false;
}
```

❶ Dieser Abschnitt enthält einige Variablen, die wir in der SQL-Abfrage nutzen werden. Wie Sie (aus dem Abschnitt »Das ausgewählte Datum im Sitzungsspeicher speichern« auf Seite 77) wissen, wird der Tag, auf den der Nutzer auf der TAGE-Seite klickt, in sessionStorage.currentDate gespeichert. Die beiden anderen Werte (calories für die Kalorien und food für die Nahrung) werden auf gleichem Wege aus dem Formular für die Dateneingabe entnommen, wie wir es zuvor mit den Einstellungen beim EINSTEL-LUNGEN-Formular gemacht haben.

❷ Dieser Code öffnet eine Datenbanktransaktion und führt einen executeSql()-Aufruf aus. Hier übergeben wir der Methode executeSql() vier Parameter:

'INSERT INTO entries (date, calories, food) VALUES (?, ?, ?);'
> Das ist die Anweisung, die ausgeführt werden wird. Die Fragezeichen sind Platzhalter für die Daten.

[date, calories, food]
> Das ist ein Array mit den Werten, die an die Datenbank gesendet werden. Die Position der Daten entspricht den Platzhalterfragezeichen in der SQL-Anweisung.

function(){refreshEntries();jQT.goBack();}
> Diese anonyme Funktion wird ausgeführt, wenn die SQL-Anweisung erfolgreich ist.

errorHandler
> Das ist der Name der Funktion, die ausgeführt wird, wenn die Ausführung der SQL-Anweisung fehlschlägt.

 Anführungszeichen (' oder ") sind um die ?-Platzhalter nicht erforderlich – das Maskieren und Quotieren der Daten erfolgt automatisch.

Fehlerbehandlung

Ist das Einfügen erfolgreich, wird die anonyme Funktion ausgeführt, die als dritter Parameter übergeben wird. Sie ruft die Funktion refreshEntries() auf (zurzeit aktualisiert diese nur den Titel der Seite TAG, sie wird aber bald dafür sorgen, dass die Einträge, die Sie vorgenommen haben, in der dortigen Liste erscheinen) und simuliert ein Tippen auf den Button ABBRECHEN, um die Seite NEUER EINTRAG zu schließen und zur Seite TAG zurückzukehren. Wie wir zuvor schon bei der Seite EINSTELLUNGEN gesehen haben, bricht der Button ABBRECHEN die Absenden-Aktion nicht ab – eigentlich ist das nur ein ZURÜCK-Button, auf dem »Abbrechen« steht und der nicht wie ein Pfeil nach links geformt ist.

Ist das Einfügen nicht erfolgreich, wird die Funktion errorHandler() ausgeführt. Fügen Sie der Datei *kilo.js* Folgendes hinzu:

```
function errorHandler(transaction, error) {
    alert('Fehler: '+error.message+' (Code '+error.code+')');
    return true;
}
```

Der Fehler-Handler erhält zwei Parameter: das Transaktionsobjekt und das Fehlerobjekt. Hier nutzen wir das Fehlerobjekt, um den Benutzer zu benachrichtigen und ihm die Meldung und den Fehlercode mitzuteilen, die ausgelöst wurden.

Fehler-Handler müssen true oder false liefern. Liefert ein Fehler-Handler true (d.h., »Ja, das ist ein fataler Fehler«), wird die Ausführung angehalten und die Transaktion vollständig zurückgerollt. Liefert ein Fehler-Handler false (d.h., »Nein, das ist kein fataler Fehler«), wird die Ausführung fortgesetzt.

Manchmal möchten Sie in Abhängigkeit von der Art des Fehlers entscheiden, ob Sie true oder false liefern sollten. Tabelle 5-1 am Ende dieses Kapitels zeigt Ihnen die (aktuell) möglichen Fehlercodes gemäß der *Web SQL Database*-Working-Draft-Spezifikation des W3C.

Wahrscheinlich ist Ihnen aufgefallen, dass die Fehler-Handler-Funktion neben dem Fehlerobjekt auch ein Transaktionsobjekt erwartet. In einigen Fällen kann es möglich sein, dass Sie in einem Fehler-Handler eine SQL-Anweisung ausführen wollen, vielleicht, um den Fehler zu protokollieren oder um einige Metadaten aufzuzeichnen, die beim Debugging oder Crash-Reporting genutzt werden können. Der Transaktionsobjekt-Parameter ermöglicht es Ihnen, aus dem Fehler-Handler heraus weitere executeSql()-Aufrufe durchzuführen, so beispielsweise (das ist nur ein Beispiel; es wird nur ausgeführt, wenn Sie die errors-Tabelle erstellt haben, die es referenziert):

```
function errorHandler(transaction, error) {
    alert('Fehler: '+error.message+' (Code '+error.code+')');
    transaction.executeSql('INSERT INTO errors (code, message) VALUES (?, ?);',
                           [error.code, error.message]);
    return false;
}
```

Achten Sie hier besonders darauf, dass wir `false` aus dem Fehler-Handler liefern müssen, wenn die `executeSql()`-Anweisung ausgeführt werden soll. Liefern wir `true` (oder gar nichts), wird die vollständige Transaktion – einschließlich dieser SQL-Anweisung – zurückgerollt und verhindert so das gewünschte Ergebnis.

 Obwohl ich das in meinen Beispielen nicht tun werde, sollten Sie wissen, dass Sie auch bei der `transaction`-Methode selbst Handler für den Erfolgs- und den Fehlerfall angeben können. Das gibt Ihnen einen geeigneten Platz für Code, der ausgeführt werden soll, nachdem eine lange Reihe von `executeSql()`-Anweisungen abgeschlossen wurde.

Seltsamerweise ist die erforderliche Parameterreihenfolge für die Callbacks der Methode `transaction` Fehler, dann Erfolg (also genau umgekehrt wie bei `executeSql()`). Hier ist eine Version der Funktion `createEntry()`, bei der am Ende die Transaktions-Callbacks angehängt wurden (fügen Sie diese *kilo.js* nicht hinzu, weil wir keine dieser Methoden definiert haben):

```
function createEntry() {
    var date = sessionStorage.currentDate;
    var calories = $('#calories').val();
    var food = $('#food').val();
    db.transaction(
        function(transaction) {
            transaction.executeSql(
                'INSERT INTO entries (date, calories, food) VALUES
                (?, ?, ?);',
                [date, calories, food],
                function(){
                    refreshEntries();
                    jQT.goBack();
                },
                errorHandler
            );
        },
        transactionErrorHandler,
        transactionSuccessHandler
    );
    return false;
}
```

Zeilen auswählen und Ergebnismengen verarbeiten

Der nächste Schritt ist, die Funktion `refreshEntries()` dazu zu bringen, dass sie nicht mehr nur die Titelleiste des ausgewählten Tages setzt. Genauer gesagt, werden wir die Datenbank auf Einträge für das ausgewählte Datum abfragen und diese dann an das `#date` `ul`-Element anhängen, indem wir für die Struktur das verborgene `entryTemplate`-HTML nutzen. Es ist eine Weile her, dass wir uns diesen Code angesehen haben, deswegen sehen Sie hier noch einmal die Seite TAG (sie befindet sich bereits in *index.html*, Sie müssen den Code also nicht erneut einfügen):

```
<div id="date">
    <div class="toolbar">
        <h1>Date</h1>
        <a class="button back" href="#">Back</a>
        <a class="button slideup" href="#createEntry">+</a>
    </div>
    <ul class="edgetoedge">
        <li id="entryTemplate" class="entry" style="display:none">❶
            <span class="label">Beschreibung</span>
            <span class="calories">000</span>
            <span class="delete">Löschen</span>
        </li>
    </ul>
</div>
```

❶ Erinnern Sie sich, dass wir das style-Attribut des li auf display: none setzen mussten, damit es nicht auf der Seite erscheint? Das taten wir, damit wir dieses HTML-Fragment als Schablone für die Datenbankzeilen nutzen können.

Hier ist die vollständige Funktion refreshEntries(); Sie müssen die vorhandene refresh-Entries()-Funktion in *kilo.js* durch Folgendes ersetzen:

```
function refreshEntries() {
    var currentDate = sessionStorage.currentDate;❶
    $('#date h1').text(currentDate);
    $('#date ul li:gt(0)').remove();❷
    db.transaction(❸
        function(transaction) {
            transaction.executeSql(
                'SELECT * FROM entries WHERE date = ? ORDER BY food;',❹
                [currentDate], ❺
                function (transaction, result) {❻
                    for (var i=0; i < result.rows.length; i++) {
                        var row = result.rows.item(i);❼
                        var newEntryRow = $('#entryTemplate').clone();❽
                        newEntryRow.removeAttr('id');
                        newEntryRow.removeAttr('style');
                        newEntryRow.data('entryId', row.id);❾
                        newEntryRow.appendTo('#date ul');❿
                        newEntryRow.find('.label').text(row.food);
                        newEntryRow.find('.calories').text(row.calories);
                    }
                },
                errorHandler
            );
        }
    );
}
```

❶ Diese beiden Zeilen setzen die Titelleiste der Seite Tag auf den Inhalt des currentDate-Werts, der in sessionStorage gespeichert ist.

❷ Diese Zeilen nutzen jQuerys gt()-Funktion ("gt" steht für »größer als«), um alle li-Elemente mit einem Index größer als 0 auszuwählen und zu entfernen. Beim ersten Durchlauf hat das keinerlei Auswirkungen, da das einzige li dasjenige mit der ID entryTemplate ist, das den Index 0 hat und obendrein verborgen ist. Aber bei nachfolgenden Besuchen der Seite müssen wir alle anderen lis entfernen, bevor wir die Zeilen aus der Datenbank wieder anhängen. Andernfalls würden Einträge mehrfach in der Liste erscheinen, da wir immer wieder die gleichen Elemente hinzufügen.

❸ Diese drei Zeilen richten die Datenbanktransaktion ein und führen die executeSql-Anweisung aus.

❹ Diese Zeile enthält den ersten Parameter für die executeSql-Anweisung. Es ist eine einfache SELECT-Anweisung mit einem Fragezeichen, das als Datenplatzhalter dient.

❺ Das ist ein Array mit einem einzigen Element, das das aktuell ausgewählte Datum enthält. Dieses Element liefert den Wert für das Fragezeichen in der SQL-Abfrage.

❻ Diese anonyme Funktion wird ausgeführt, wenn die Abfrage erfolgreich ist. Sie erwartet zwei Parameter: transaction und result. Das Objekt transaction kann im Erfolgs-Handler genutzt werden, um neue Abfragen an die Datenbank zu senden, wie wir es zuvor beim Fehler-Handler gesehen haben. Da wir das in diesem Fall nicht benötigen werden, werden wir es hier allerdings nicht nutzen. Das Objekt result ist es, das uns hier am meisten interessiert. Es hat drei schreibgeschützte Eigenschaften: rowsAffected, die Sie nutzen können, um die Anzahl von Zeilen zu ermitteln, die von einer Insert-, Update- oder Delete-Abfrage betroffen sind; insertId, die den Primärschlüssel der letzten, von einer Insert-Operation betroffenen Zeile liefert; und rows, die die gefundenen Datensätze enthält. Das Objekt rows enthält 0 oder mehr row-Objekte und hat eine length-Eigenschaft, die in der for-Schleife auf der nächsten Zeile erscheint.

❼ Diese Zeile nutzt die item()-Methode des rows-Objekts, um die Variable row auf den Inhalt der aktuellen Zeile zu setzen.

❽ Auf dieser Zeile nutzen wir clone(), um das Schablonen-li zu klonen, und entfernen auf den nächsten beiden Zeilen die id- und style-Attribute. Das Entfernen des Stils macht die Zeile sichtbar, und das Entfernen der id ist wichtig, weil die Seite ansonsten mehrere Elemente mit der gleichen id enthielt.

❾ Diese Zeile speichert den Wert der id-Eigenschaft der row als Wert auf dem li selbst (wir benötigen ihn später, falls sich der Benutzer entschließt, den Eintrag zu löschen).

❿ Dieser Code hängt das li-Element an das ul an. Die beiden nächsten Zeilen aktualisieren die label- und calories-Span-Kindelemente des lis mit den entsprechenden Daten aus dem row-Objekt.

Nachdem wir all das aus dem Weg geschafft haben, zeigt die Seite TAG ein li für jede Zeile in der Datenbank an, das dem ausgewählten Datum entspricht. Jede Zeile enthält eine Beschreibung, Kalorien und einen LÖSCHEN-Button. Haben wir ein paar Zeilen erzeugt, können Sie sehen, dass wir noch etwas CSS benötigen, um die Anzeige ordentlich zu gestalten (Abbildung 5-5).

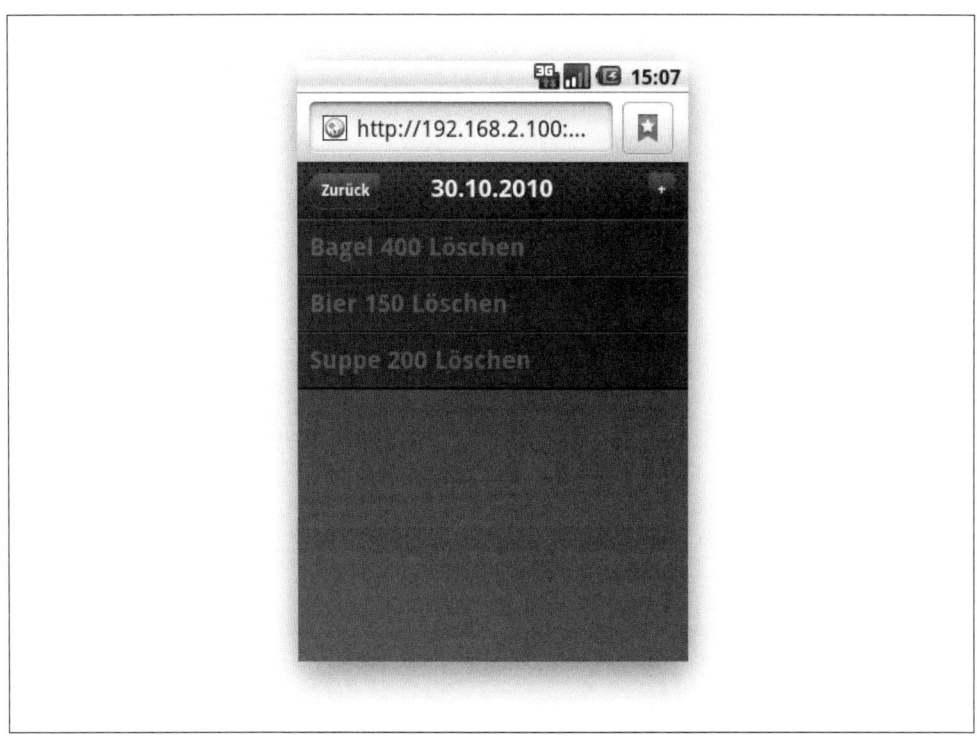

Abbildung 5-5: Die Einträge werden jetzt angezeigt, müssen aber noch mit etwas CSS aufpoliert werden.

Speichern Sie das folgende CSS in einer Datei namens *kilo.css* (und speichern Sie diese im gleichen Verzeichnis wie die HTML-Datei):

```
#date ul li {
    position: relative;
}
#date ul li span {
    color: #FFFFFF;
    text-shadow: 0 1px 2px rgba(0,0,0,.7);
}
#date ul li .delete {
    position: absolute;
    top: 5px;
    right: 6px;
    font-size: 12px;
    line-height: 30px;
    padding: 0 3px;
    border-width: 0 5px;
    -webkit-border-image: url(themes/jqt/img/button.png) 0 5 0 5;
}
```

Binden Sie jetzt *kilo.css* ein, indem Sie in den Head-Abschnitt von *index.html* die folgende Zeile einfügen:

```
<link type="text/css" rel="stylesheet" media="screen" href="kilo.css">
```

Obwohl die LÖSCHEN-Buttons jetzt wie Buttons aussehen (siehe Abbildung 5-6), tun sie noch nichts, wenn darauf getippt wird. Das liegt daran, dass wir sie mit Hilfe eines span-Tags eingebaut haben, das kein interaktives Element in einer HTML-Seite ist.

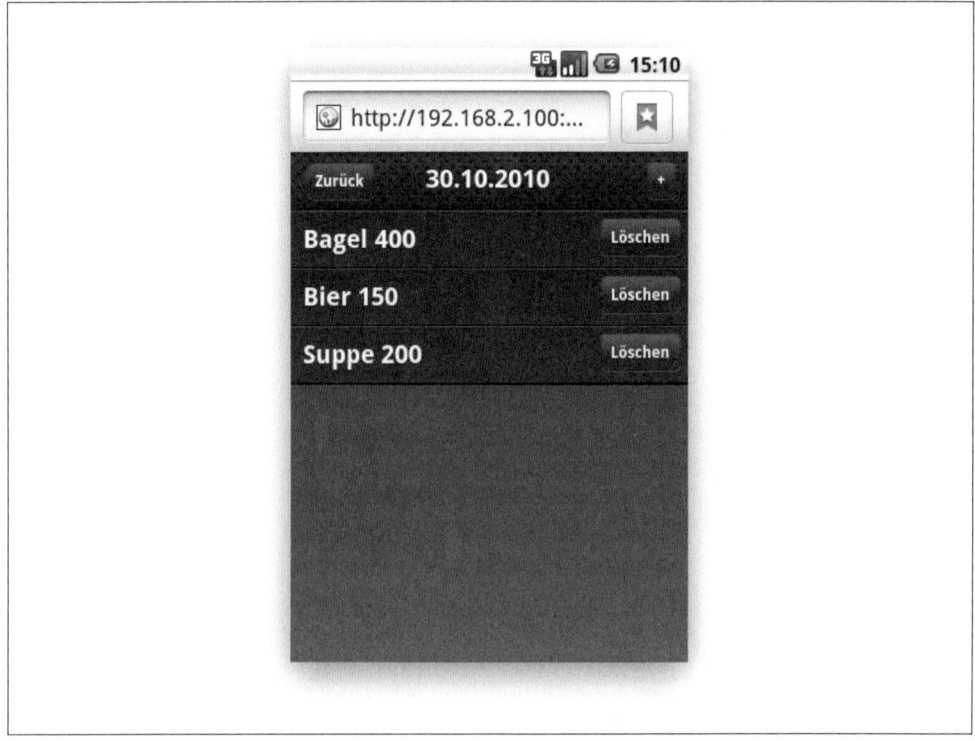

Abbildung 5-6: Die Einträge, nachdem CSS auf sie angewandt wurde

Zeilen löschen

Damit unsere LÖSCHEN-Buttons etwas tun, wenn auf sie geklickt wird, müssen wir mit jQuery einen Click-Event-Handler an sie binden. Das Gleiche haben wir zuvor mit den Elementen in der TAG-Seite gemacht, indem wir jQuerys click()-Methode genutzt haben.

Leider funktioniert dieses Verfahren in diesem Fall nicht. Im Unterschied zu den Elementen der Seite TAGE sind die Elemente der Seite TAG nicht statisch. Das heißt, sie werden während der Sitzung hinzugefügt und entfernt. Wenn die Anwendung startet, gibt es überhaupt noch keine Einträge in der Seite TAG. Deswegen gibt es beim Start nichts, an das wir den click-Handler binden könnten.

Die Lösung ist, dass wir die click-Events an die LÖSCHEN-Buttons binden, wenn sie in der Funktion refreshEntries() erzeugt werden. Fügen Sie dazu am Ende der for-Schleife die fettgedruckten Zeilen ein:

```
...
newEntryRow.find('.calories').text(row.calories);
newEntryRow.find('.delete').click(function(){❶
    var clickedEntry = $(this).parent();❷
    var clickedEntryId = clickedEntry.data('entryId');❸
    deleteEntryById(clickedEntryId);❹
    clickedEntry.slideUp();
});
}
```

❶ Die Funktion beginnt damit, dass wir angeben, dass wir nach Elementen suchen, die die Klasse delete haben und sich in einem Element mit der ID date befinden, und sie ruft die click()-Methode auf diesen Elementen auf. Die click()-Methode akzeptiert als Parameter eine anonyme Funktion, die das Event verarbeitet.

❷ Wird der Click-Handler angestoßen, wird das Elternelement des LÖSCHEN-Buttons (d.h. das li) aufgesucht und in der Variablen clickedEntry gespeichert.

❸ Diese Zeile setzt die Variable clickedEntryId auf den Wert der entryId, die wir auf dem li-Element gespeichert haben, als es von der Funktion refreshEntries() erstellt wurde.

❹ Diese Zeile übergibt die angeklickte ID an die Funktion deleteEntryById(), und auf der nächsten Zeile entfernt jQuerys slideUp()-Methode das li aus der Seite.

Fügen Sie folgende deleteEntryById()-Funktion zu *kilo.js* hinzu, um den Eintrag aus der Datenbank zu entfernen:

```
function deleteEntryById(id) {
    db.transaction(
        function(transaction) {
            transaction.executeSql('DELETE FROM entries WHERE id=?;',
                [id], null, errorHandler);
        }
    );
}
```

Wie wir es in den vorangegangenen Beispielen getan haben, öffnen wir eine Transaktion, übergeben ihr eine Callback-Funktion mit dem Transaktionsobjekt als Parameter und rufen die Methode executeSql() auf. Wir übergeben die SQL-Abfrage und die ID des angeklickten Datensatzes als die beiden ersten Argumente. Als drittes Argument würde der Handler für den Erfolgsfall folgen, aber da wir einen solchen hier nicht benötigen, geben wir einfach null an. Als viertes Argument geben wir den Fehler-Handler an, den wir schon die ganze Zeit nutzen.

Und damit haben Sie es geschafft. Es hat schon eine ganze Menge an Beschreibung erfordert, bis wir diesen Punkt erreicht haben, aber eigentlich mussten wir gar nicht so viel Code schreiben. Tatsächlich enthält *kilo.js* nur rund 100 Zeilen JavaScript (siehe Beispiel 5-1).

Beispiel 5-1: Das vollständige JavaScript für die »Kilo«-Datenbankinteraktion

```
var jQT = $.jQTouch({
    icon: 'kilo.png'
});
var db;
$(document).ready(function(){
    $('#createEntry form').submit(createEntry);
    $('#settings form').submit(saveSettings);
    $('#settings').bind('pageAnimationStart', loadSettings);
    $('#dates li a').click(function(){
        var dayOffset = this.id;
        var date = new Date();
        date.setDate(date.getDate() - dayOffset);
        sessionStorage.currentDate = date.getMonth() + 1 + '/' +
                                     date.getDate() + '/' +
                                     date.getFullYear();
        refreshEntries();
    });
    var shortName = 'Kilo';
    var version = '1.0';
    var displayName = 'Kilo';
    var maxSize = 65536;
    db = openDatabase(shortName, version, displayName, maxSize);
    db.transaction(
        function(transaction) {
            transaction.executeSql(
                'CREATE TABLE IF NOT EXISTS entries ' +
                '   (id INTEGER NOT NULL PRIMARY KEY AUTOINCREMENT, ' +
                '   date DATE NOT NULL, food TEXT NOT NULL, ' +
                '   calories INTEGER NOT NULL);'
            );
        }
    );
});
function loadSettings() {
    $('#age').val(localStorage.age);
    $('#budget').val(localStorage.budget);
    $('#weight').val(localStorage.weight);
}
function saveSettings() {
    localStorage.age = $('#age').val();
    localStorage.budget = $('#budget').val();
    localStorage.weight = $('#weight').val();
    jQT.goBack();
    return false;
}
function createEntry() {
    var date = sessionStorage.currentDate;
    var calories = $('#calories').val();
    var food = $('#food').val();
    db.transaction(
        function(transaction) {
            transaction.executeSql(
                'INSERT INTO entries (date, calories, food) VALUES (?, ?, ?);',
                [date, calories, food],
                function(){
```

```
                    refreshEntries();
                    jQT.goBack();
                },
                errorHandler
            );
        }
    );
    return false;
}
function refreshEntries() {
    var currentDate = sessionStorage.currentDate;
    $('#date h1').text(currentDate);
    $('#date ul li:gt(0)').remove();
    db.transaction(
        function(transaction) {
            transaction.executeSql(
                'SELECT * FROM entries WHERE date = ? ORDER BY food;',
                [currentDate],
                function (transaction, result) {
                    for (var i=0; i < result.rows.length; i++) {
                        var row = result.rows.item(i);
                        var newEntryRow = $('#entryTemplate').clone();
                        newEntryRow.removeAttr('id');
                        newEntryRow.removeAttr('style');
                        newEntryRow.data('entryId', row.id);
                        newEntryRow.appendTo('#date ul');
                        newEntryRow.find('.label').text(row.food);
                        newEntryRow.find('.calories').text(row.calories);
                        newEntryRow.find('.delete').click(function(){
                            var clickedEntry = $(this).parent();
                            var clickedEntryId = clickedEntry.data('entryId');
                            deleteEntryById(clickedEntryId);
                            clickedEntry.slideUp();
                        });
                    }
                },
                errorHandler
            );
        }
    );
}
function deleteEntryById(id) {
    db.transaction(
        function(transaction) {
            transaction.executeSql('DELETE FROM entries WHERE id=?;',
                [id], null, errorHandler);
        }
    );
}
function errorHandler(transaction, error) {
    alert('Fehler: '+error.message+' (Code '+error.code+')');
    return true;
}
```

Was Sie gelernt haben

In diesem Kapitel haben Sie zwei Verfahren kennengelernt, um Benutzerdaten auf dem Client zu speichern: *Web Storage* und *Web SQL Database*. Insbesondere Web SQL Database bietet Ihnen bei der Entwicklung webbasierter Anwendungen eine ganze Welt von Möglichkeiten.

Das Einzige, was uns davon abhält, diese Anwendung auch im Offline-Modus auszuführen, ist, dass bei jedem Start der Anwendung eine Verbindung mit dem Webserver hergestellt werden muss, um das HTML und die mit ihm verbundenen Ressourcen herunterzuladen. Wäre es nicht nett, wenn wir all diese Sachen lokal auf dem Gerät speichern könnten? Ja, das wäre es.

Referenz zu den Web Database-Fehlercodes

Ein Fehler in einer SQL-Datenbank-API wird über ein Callback gemeldet, das einen der Codes aus Tabelle 5-1 erhält.

Tabelle 5-1: Web Database-Fehlercodes

Konstante	Code	Situation
UNKNOWN_ERR	0	Die Transaktion schlug aus Gründen fehl, die nichts mit der Datenbank selbst zu tun haben und von keinem der anderen Fehlercodes abgedeckt werden.
DATABASE_ERR	1	Die Anweisung schlug aus Datenbankgründen fehl, die von keinem anderen Fehlercode abgedeckt werden.
VERSION_ERR	2	Die Operation schlug fehl, weil die aktuelle Datenbankversion nicht korrekt ist. Beispielsweise kann eine Anweisung festgestellt haben, dass die tatsächliche Datenbankversion nicht mehr der erwarteten Version der `Database`- oder `DatabaseSync`-Objekte entspricht oder dass den Methoden `Database.changeVersion()` oder `DatabaseSync.changeVersion()` eine Version übergeben wurde, die nicht der tatsächlichen Datenbankversion entspricht.
TOO_LARGE_ERR	3	Die Anweisung schlug fehl, weil die von der Datenbank gelieferten Daten zu groß waren. Der SQL-Modifizierer `LIMIT` könnte nützlich sein, um den Umfang der Ergebnismenge zu reduzieren.
QUOTA_ERR	4	Die Anweisung schlug fehl, weil es nicht genug freien Speicherplatz gab oder das Speicher-Quota erreicht wurde und der Benutzer der Anwendung keinen weiteren Speicherplatz zugestanden hat.
SYNTAX_ERR	5	Die Anweisung schlug aufgrund eines Syntaxfehlers fehl, z.B. weil die Anzahl der Argumente nicht der Anzahl der ?-Platzhalter in der Anweisung entsprach oder weil die Anweisung versuchte, eine Anweisung zu nutzen, die nicht gestattet ist (wie `BEGIN`, `COMMIT` oder `ROLLBACK`) oder weil die Anweisung versuchte, die Datenbank zu modifizieren, obwohl die Transaktion schreibgeschützt war.
CON-STRAINT_ERR	6	Eine `INSERT`-, `UPDATE`- oder `REPLACE`-Anweisung schlug aufgrund eines Constraint-Fehlers fehl. Beispielsweise wurde versucht, eine Zeile einzufügen, die im Primärschlüsselfeld einen Wert enthält, der in der entsprechenden Spalte bereits vorhanden ist.
TIMEOUT_ERR	7	Die Sperre für die Transaktion konnte in der vorgegebenen Zeit nicht eingerichtet werden.

KAPITEL 6

Offline gehen

In HTML5 gibt es eine Funktionalität namens Offline Application Cache, die es Nutzern ermöglicht, Web-Apps auszuführen, wenn keine Verbindung zum Internet besteht. Diese funktioniert so: Navigiert der Anwender zu einer Web-App, lädt der Browser alle Dateien, die er zur Anzeige der Seite benötigt (HTML, CSS, JavaScript, Bilder usw.) herunter und speichert sie. Geht der Anwender das nächste Mal zu dieser Web-App, erkennt der Browser die URL wieder und liefert die Dateien aus dem lokalen Anwendungs-Cache, anstatt sie aus dem Netzwerk zu beziehen.

Die Grundlagen des Offline Application Caches

Die Hauptkomponente eines Offline Application Caches ist eine Cache-Manifest-Datei, die Sie auf Ihrem Webserver vorhalten. Ich werde ein einfaches Beispiel nutzen, um die entsprechenden Konzepte zu erläutern. Anschließend werde ich Ihnen zeigen, wie Sie das Gelernte auf das Kilo-Beispiel anwenden, an dem wir gearbeitet haben.

Eine Manifest-Datei ist ein einfaches Textdokument, das sich auf Ihrem Webserver befindet und an das Gerät des Anwenders mit dem Inhaltstyp `cache-manifest` geliefert wird. Das Manifest enthält eine Liste der Dateien, die das Gerät des Anwenders herunterladen und speichern muss, damit die App funktioniert. Betrachten Sie ein Webverzeichnis mit den folgenden Dateien:

```
index.html
logo.jpg
scripts/demo.js
styles/screen.css
```

index.html ist die Seite, die Anwender in ihren Browern laden, wenn sie die Anwendung besuchen. Die anderen Dateien werden aus *index.html* referenziert. Um alles offline verfügbar zu machen, erstellen Sie eine Datei namens *demo.manifest* in diesem Verzeichnis. Hier ist der Inhalt des Verzeichnisses, nachdem die Datei hinzugefügt wurde:

```
demo.manifest
index.html
logo.jpg
```

```
scripts/demo.js
styles/screen.css
```

Fügen Sie dann *demo.manifest* die folgenden Zeilen hinzu:

```
CACHE MANIFEST
index.html
logo.jpg
scripts/demo.js
styles/screen.css
```

Die Pfade im Manifest sind relativ zum Ort der Manifest-Datei. Sie können auch absolute URLs nutzen (machen Sie sich noch nicht die Mühe, die Datei zu erstellen; Sie werden gleich sehen, wie Sie das auf Ihre Anwendung anwenden):

```
CACHE MANIFEST
http://www.example.com/index.html
http://www.example.com/logo.jpg
http://www.example.com/scripts/demo.js
http://www.example.com/styles/screen.css
```

Nachdem Sie die Manifest-Datei erstellt haben, müssen Sie sie einbinden, indem Sie dem HTML-Tag in *index.html* ein manifest-Attribut hinzufügen:

```
<html manifest="demo.manifest">
```

Sie müssen die Manifest-Datei mit dem Inhaltstyp text/cache-manifest liefern, damit der Browser sie erkennt. Wenn Sie den Apache-Webserver oder einen kompatiblen Webserver nutzen, erreichen Sie das, indem Sie in Ihr Webverzeichnis eine *.htaccess*-Datei mit folgendem Inhalt einfügen:

```
AddType text/cache-manifest .manifest
```

 Wenn die *.htaccess*-Datei bei Ihnen nicht funktioniert, werfen Sie einen Blick in den Teil der Dokumentation Ihres Webservers, der sich auf MIME-Typen bezieht. Sie müssen die Dateierweiterung *.manifest* mit dem MIME-Typ text/cache-manifest verbinden. Wenn Ihre Website von einem Webhosting-Provider gehostet wird, bietet Ihnen Ihr Provider eventuell Einstellungs-möglichkeiten für Ihre Website, wo Sie den entsprechenden MIME-Typ ergänzen können. Ich werde Ihnen zusätzlich etwas später in diesem Kapitel ein Beispiel zeigen, das statt einer *.htaccess*-Datei ein PHP-Skript nutzt (weil PHP den MIME-Typ in Code setzen kann, müssen Sie den Webserver nicht mehr so konfigurieren, dass er das macht).

Unser Offline Application Cache ist jetzt einsatzbereit. Beim nächsten Besuch, den ein Anwender *http://example.com/index.html* abstattet, wird die Seite samt aller Ressourcen über das Netzwerk geladen (ersetzen Sie *example.com/index.html* durch die URL Ihrer Web-App). Im Hintergrund werden alle Dateien, die im Manifest aufgeführt sind, lokal gespeichert. Ist alles gespeichert, greift der Anwender, wenn er die Seite aktualisiert, nur auf die lokalen Dateien zu. Dann kann auch nach einer Trennung der Internetverbindung auf die Web-App zugegriffen werden.

Da der Anwender jetzt lokal auf seinem Gerät auf unsere Dateien zugreift, haben wir ein neues Problem: Wie erhält er Aktualisierungen, wenn wir Änderungen an der Website vornehmen?

Hat der Anwender Zugang zum Internet und geht er zur URL der Web-App, prüft der Browser die Manifest-Datei auf der Site, um festzustellen, ob sie noch der lokalen Kopie entspricht. Hat sich das entfernte Manifest geändert, lädt der Browser alle darin aufgeführten Dateien im Hintergrund in einen temporären Cache herunter.

 Der Vergleich zwischen dem lokalen und dem entfernten Manifest ist ein byteweiser Vergleich der Dateiinhalte (Kommentare und leere Zeilen eingeschlossen). Der Dateiveränderungszeitstempel oder Änderungen an einer der betroffenen Ressourcen sind irrelevant, wenn geprüft wird, ob es Änderungen gibt.

Wenn während des Downloads etwas schiefgeht (z.B. die Internetverbindung unterbrochen wird), wird der partiell heruntergeladene Cache automatisch verworfen und der alte bleibt bestehen. Ist der Download erfolgreich, werden beim nächsten Start der App die neuen Dateien verwendet.

Denken Sie daran, dass die neuen Dateien bei einer Aktualisierung des Manifests im Hintergrund heruntergeladen werden, *nachdem* die Anwendung gestartet wurde. Das heißt, dass der Benutzer auch nach Abschluss des Downloads noch mit alten Dateien arbeitet. Anders gesagt, die aktuell geladene Seite und die auf sie bezogenen Dateien werden nicht automatisch neu geladen, wenn der Download abgeschlossen ist. Die neuen Dateien, die im Hintergrund heruntergeladen wurden, werden erst aktiv, wenn der Anwender die App neu startet.

Das gleicht dem Aktualisierungsverhalten einer gewöhnlichen Desktopanwendung. Sie starten eine Anwendung, und diese sagt Ihnen, dass es Updates gibt. Sie bestätigen den Download der Updates, der Download wird abgeschlossen, und Sie werden aufgefordert, die Anwendung neu zu starten, damit die Updates wirksam werden.

Wenn Sie in Ihrer App ein derartiges Verhalten implementieren wollen, können Sie das `updateready`-Event auf dem `window.applicationCache`-Objekt überwachen, wie es in Abschnitt »Die JavaScript-Konsole« auf Seite 108 beschrieben wird, und den Benutzer dann auf die gewünschte Art benachrichtigen.

Die Online-Whitelist- und -Fallback-Optionen

Es ist möglich, den Browser zu zwingen, auf bestimmte Ressourcen immer über das Netzwerk zuzugreifen (diesen Vorgang bezeichnet man als *Whitelisting*). Das bedeutet, dass der Browser die entsprechenden Dateien nicht lokal speichert, sie also nicht verfügbar sind, wenn der Benutzer offline ist. Wollen Sie angeben, dass eine Ressource nur online verwendet werden soll, nutzen Sie folgendermaßen das Schlüsselwort `NETWORK`: (der nachfolgende : ist wichtig) in der Manifest-Datei:

```
CACHE MANIFEST
index.html
scripts/demo.js
styles/screen.css

NETWORK:
logo.jpg
```

Da *logo.jpg* jetzt im `NETWORK`-Abschnitt der Manifest-Datei aufgeführt wird, befindet es sich auf der Whitelist. Ist der Benutzer offline, wird das Bild als defekter Bild-Link (Abbildung 6-1) angezeigt. Ist er online, erscheint es normal (Abbildung 6-2).

Sollen Anwender offline kein defektes Bild sehen, nutzen Sie das Schlüsselwort `FALLBACK`, um folgendermaßen eine Ausweichressource anzugeben:

```
CACHE MANIFEST
index.html
scripts/demo.js
styles/screen.css

FALLBACK:
logo.jpg offline.jpg
```

Ist der Anwender offline, sieht er jetzt *offline.jpg* (Abbildung 6-3). Ist er online, sieht er *logo.jpg* (Abbildung 6-4).

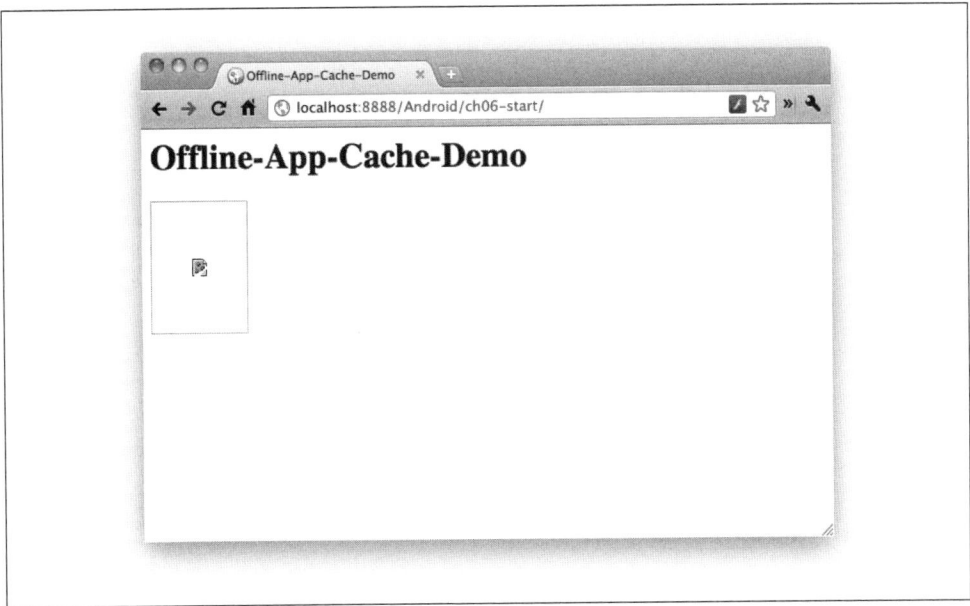

Abbildung 6-1: Bilder auf der Whitelist werden als defekte Bild-Links angezeigt, wenn der Anwender offline ist.

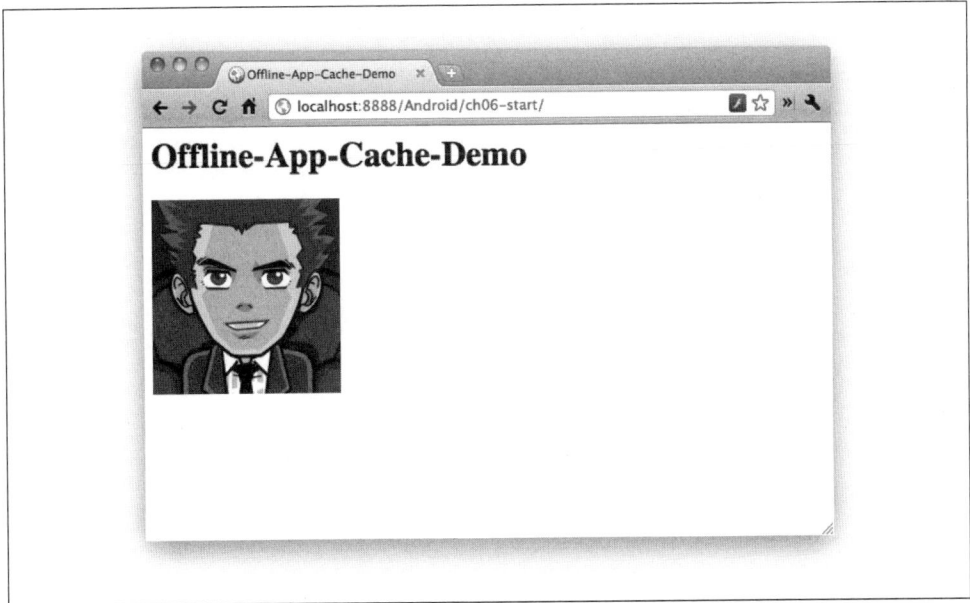

Abbildung 6-2: Bilder auf der Whitelist werden normal angezeigt, wenn der Anwender online ist.

Abbildung 6-3: Ist der Anwender offline, wird eine Ausweichressource angezeigt.

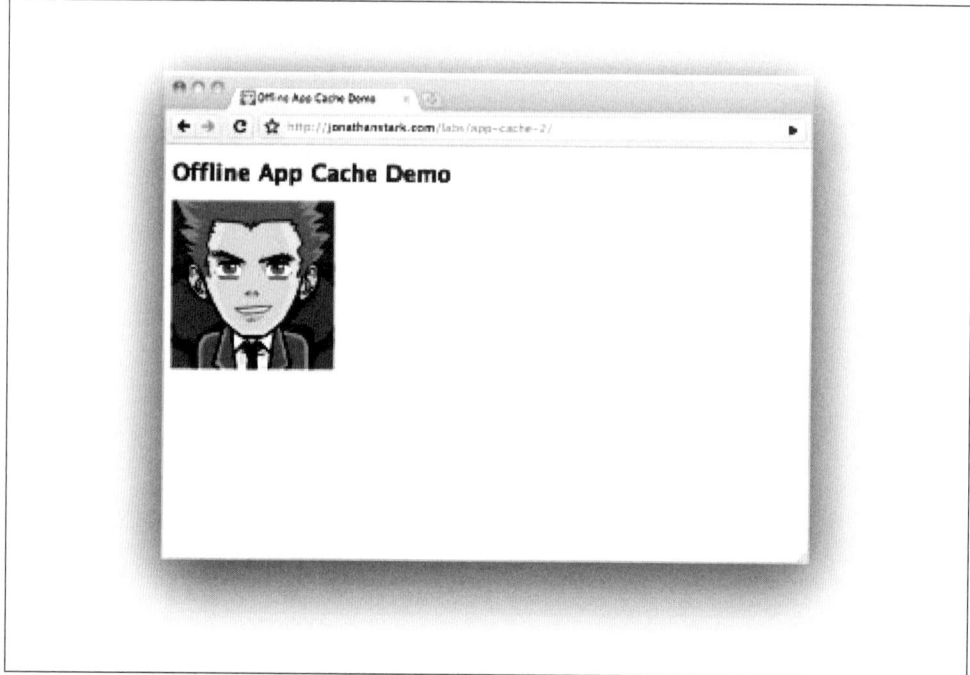

Abbildung 6-4: Ist der Anwender online, werden die normalen Bilder aus dem Web angezeigt.

Sie sollten sich merken, dass Sie *offline.jpg* nicht zusätzlich im CACHE MANI-FEST-Abschnitt angeben müssen. Die Datei wird automatisch lokal gespeichert, da sie im FALLBACK-Abschnitt des Manifests aufgeführt wird.

Wie praktisch das wirklich sein kann, sehen Sie, wenn Sie sich überlegen, dass Sie eine einzige Ausweichressource für viele Ressourcen angeben können, indem Sie einen *partiellen Pfad* nutzen. Angenommen, ich füge meiner Website ein images-Verzeichnis hinzu und packe einige Dateien in es:

```
/demo.manifest
/index.html
/images/logo.jpg
/images/logo2.jpg
/images/offline.jpg
/scripts/demo.js
/styles/screen.css
```

Jetzt kann ich dem Browser folgendermaßen sagen, dass er für alle Ressourcen im Ordner images die Datei *offline.jpg* einsetzen soll:

```
CACHE MANIFEST
index.html
scripts/demo.js
styles/screen.css

FALLBACK:
images/ images/offline.jpg
```

Ist der Benutzer offline, sieht er jetzt *offline.jpg* (Abbildung 6-5), ist er online, sieht er *logo.jpg* und *logo2.jpg* (Abbildung 6-6).

Ob Sie den NETWORK- oder FALLBACK-Abschnitten der Manifest-Datei Ressourcen hinzufügen sollten, hängt von der Natur Ihrer Anwendung ab. Denken Sie daran, dass der Offline Application Cache in erster Linie dazu dient, Apps lokal auf dem Gerät zu speichern. Er ist eigentlich nicht dazu gedacht, die Server-Last zu vermindern oder die Leistung zu verbessern usw.

In den meisten Fällen sollten Sie alle Dateien, die zur Ausführung Ihrer App erforderlich sind, in der Manifest-Datei aufführen. Wenn Sie große Mengen dynamischer Inhalte haben und nicht wissen, wie Sie diese im Manifest referenzieren sollen, ist Ihre App wahrscheinlich nicht gut für den Offline Application Cache geeignet. In diesem Fall sollten Sie ein anderes Verfahren erwägen (z.B. vielleicht eine clientseitige Datenbank).

Eine dynamische Manifest-Datei erstellen

Da Sie jetzt mit der Funktionsweise des Offline-App-Caches vertraut sind, können wir daran gehen, einen solchen in unserer *Kilo*-App zu nutzen. *Kilo* besteht mittlerweile aus einer ganzen Reihe von Dateien. Es wäre deswegen recht umständlich, sie alle einzeln der

Manifest-Datei hinzuzufügen. Außerdem würde ein einziger Tippfehler die vollständige Manifest-Datei ungültig machen und verhindern, dass die App offline funktioniert.

PHP-Skripten auf Ihrem Webserver ausführen

PHP ist eine vielseitige Skriptsprache für das Web, die von den meisten Hosting-Providern unterstützt wird. Das heißt, dass Sie auf den meisten Webservern eine Datei erstellen können, deren Name mit der Dateinamenserweiterung *.php* endet, ihr etwas PHP-Code hinzufügen und sie mit dem Webbrowser besuchen können, ohne dass Sie dazu noch etwas Weiteres tun müssen. Wenn Sie einen Webserver auf Ihrem eigenen Rechner genutzt haben, um Seiten an Ihr Android-Gerät auszuliefern, müssen Sie ihn entsprechend einrichten, wenn Sie PHP-Skripten ausführen wollen. Wenn Ihr Webserver unter Windows läuft, finden Sie Downloads und Informationen unter *http://php.net/manual/en/install.windows.php*. Eventuell sollten Sie eine Lösung wie EasyPHP (*http://www.easyphp.org/*) nutzen oder einen Blick auf die Wikipedia-Seite zu diesem Thema werfen, die Sie unter *http://en.wikipedia.org/wiki/Comparison_of_WAMPs* finden.

Unter Linux ist PHP leicht zu installieren. Ubuntu-Nutzer können beispielsweise einfach `sudo aptitude install apache2 php5` auf der Shell eingeben. Um PHP im benutzerspezifischen *public_html*-Verzeichnis zu aktivieren, bearbeiten Sie als Root die Datei */etc/apache2/mods-available/php5.conf*, befolgen dabei die Anweisungen darin und kommentieren einige Zeilen aus (indem Sie ihnen ein # voranstellen).

Auf Macs ist PHP installiert. Aber Sie müssen wie in »Mac OS X und die ».htaccess«-Datei« auf Seite 97 einen Schritt unternehmen, um PHP zu aktivieren:

1. Öffnen Sie Programme→Dienstprogramme→Terminal, und geben Sie die folgenden Befehle ein (Sie werden aufgefordert, Ihr Passwort einzugeben):

   ```
   cd /etc/apache2
   sudo pico httpd.conf
   ```

2. Drücken Sie Control-W. Das öffnet die Option zum Durchsuchen der Datei. Geben Sie php5 ein, und drücken Sie Return. Das führt Sie zu einer Zeile, die so aussehen sollte:

   ```
   #LoadModule php5_module        libexec/apache2/libphp5.so
   ```

3. Nutzen Sie die Pfeiltasten, um zum Anfang der Zeile zu gehen, und löschen Sie das #-Kommentarzeichen, das verhindert, dass diese Zeile aktiv ist.

4. Drücken Sie Control-X, um den Editor zu beenden, bestätigen Sie mit Y das Speichern der Änderungen, und drücken Sie Return, um die Datei zu speichern.

5. Öffnen Sie anschließend die Systemeinstellungen. Gehen Sie zu Sharing, und klicken Sie falls erforderlich auf das Schlosssymbol neben dem Eintrag »Klicken Sie auf das Schloss, um Änderungen vorzunehmen«. Geben Sie Ihr Passwort ein, wenn Sie zur Eingabe aufgefordert werden.

6. Deaktivieren Sie die Checkbox neben Web-Sharing, und aktivieren Sie sie dann wieder. Jetzt sollte PHP auf dem Webserver Ihres Macs aktiviert sein.

7. Erstellen Sie im *Websites*-Unterverzeichnis Ihres Benutzerverzeichnisses eine Datei namens *test.php* mit folgendem Inhalt:

```
<?php
  phpinfo();
?>
```

8. Besuchen Sie dann mit Ihrem Browser die folgende URL: *http://localhost/~IHR_
   BENUTZERNAME/test.php*. Ersetzen Sie *IHR_BENUTZERNAME* durch Ihren Benutzernamen, aber löschen Sie das ~ nicht (Ihren Benutzernamen können Sie im Terminal
   herausfinden, indem Sie echo $USER eingeben und Return drücken). Wenn PHP
   funktioniert, sollten Sie eine Tabelle sehen, die Ihre PHP-Versionsnummer und eine
   Menge anderer Informationen zu Ihrer PHP-Installation anzeigt. Funktioniert PHP
   nicht, sehen Sie nur eine leere Seite. Unter *http://www.php.net/support.php* finden Sie
   Links auf Dokumentationen und Hilfe zur Verwendung von PHP.

*Abbildung 6-5: Ist der Benutzer offline, wird ein einzelnes Ausweichbild anstelle der anderen Bilder
angezeigt.*

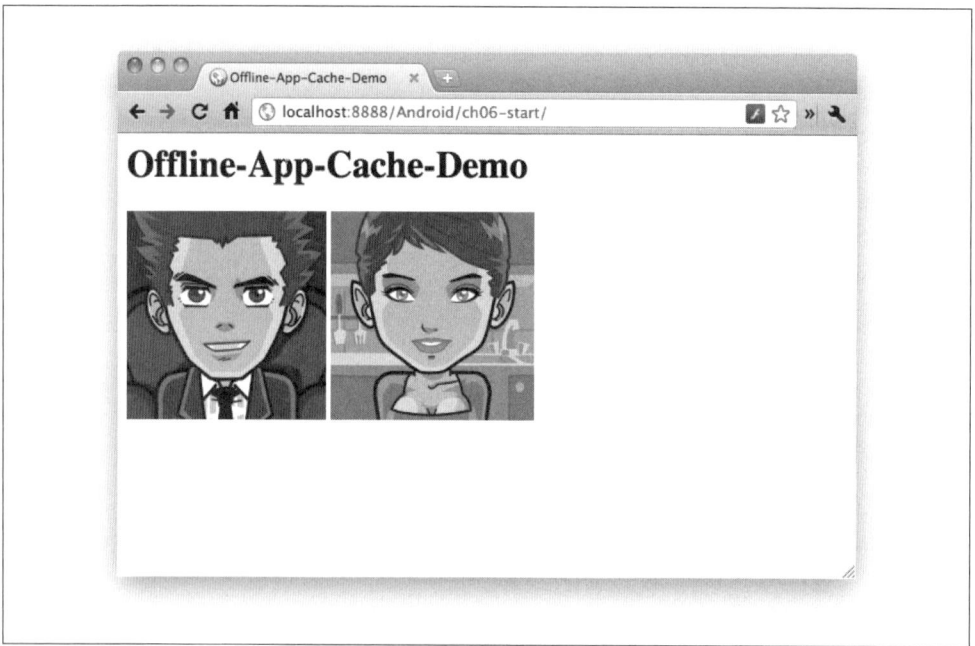

Abbildung 6-6: Die Bilder aus dem Web werden angezeigt, wenn der Benutzer online ist.

Um das zu beheben, werden wir eine kleine PHP-Datei schreiben, die den Inhalt des Anwendungsverzeichnisses (und seiner Unterverzeichnisse) liest und für uns die Dateiliste erstellt. Erstellen Sie im Kilo-Verzeichnis eine neue Datei namens *manifest.php*, und fügen Sie ihr den folgenden Code hinzu:

```php
<?php
    header('Content-Type: text/cache-manifest');❶
    echo "CACHE MANIFEST\n";❷

    $dir = new RecursiveDirectoryIterator(".");❸
    foreach(new RecursiveIteratorIterator($dir) as $file) {❹
      if ($file->IsFile() &&❺
          $file != "./manifest.php" &&
          !strpos($file, '/.') &&
          substr($file->getFilename(), 0, 1) != ".") {
        echo $file . "\n";❻
      }
    }
?>
```

❶ Die PHP-Funktion `header` gibt diese Datei mit dem Inhaltstyp `cache-manifest` aus. Auf diese Weise kann man ohne eine *.htaccess*-Datei den Inhaltstyp für eine Manifest-Datei angeben. Wenn Sie die in erstellte *.htaccess*-Datei nicht zu anderen Zwecken benötigen, können Sie sie also löschen.

❷ Wie ich in diesem Kapitel bereits erwähnt habe, muss die erste Zeile einer Cache-Manifest-Datei CACHE MANIFEST lauten. Für den Browser ist das die erste Zeile des Dokuments;

die PHP-Datei läuft auf dem Webserver, und der Browser sieht nur die Ausgabe von Befehlen wie echo, die Text ausgeben.

❸ Diese Zeile erstellt ein Objekt namens $dir, das alle Dateien im aktuellen Verzeichnis aufführt. Das macht es rekursiv, d.h., gibt es noch Dateien in Unterverzeichnissen, findet es auch diese.

❹ Bei jedem Durchlauf der Schleife setzt das Programm die Variable $file auf ein Objekt, das eine der Dateien im aktuellen Verzeichnis repräsentiert. Auf Deutsch hieße das: »Setze bei jeder Runde die Variable $file auf die nächste Datei, die du im aktuellen Verzeichnis und seinen Unterverzeichnissen findest.«

❺ Diese if-Anweisung prüft, ob die Datei tatsächlich eine Datei ist (kein Verzeichnis oder symbolischer Link), und ignoriert Dateien mit dem Namen *manifest.php* sowie alle Dateien, die mit einem . beginnen (wie *.htaccess*) oder in einem Verzeichnis enthalten sind, das mit einem . beginnt (wie *.svn*).

Das vorangestellte ./ ist Teil des vollständigen Pfadnamens der Datei; der . verweist auf das aktuelle Verzeichnis, und der / trennt die Elemente des Pfades der Datei. Es gibt vor dem Dateinamen in der Ausgabe also immer ein ./. Aber wenn Sie den Dateinamen auf einen vorangestellten Punkt . prüfen, nutzen Sie die Funktion getFilename, die den Dateinamen ohne den vorangestellten Pfad liefert. So können Sie Dateien aufspüren, deren Name mit einem . beginnt, selbst wenn diese tief in Unterverzeichnissen vergraben sind.

❻ Dieser Abschnitt zeigt die Namen aller Dateien an.

Für den Browser sieht *manifest.php* so aus:

```
CACHE MANIFEST
./index.html
./jqtouch/jqtouch.css
./jqtouch/jqtouch.js
./jqtouch/jqtouch.transitions.js
./jqtouch/jquery.js
./kilo.css
./kilo.js
./themes/apple/img/backButton.png
./themes/apple/img/blueButton.png
./themes/apple/img/cancel.png
./themes/apple/img/chevron.png
./themes/apple/img/grayButton.png
./themes/apple/img/listArrowSel.png
./themes/apple/img/listGroup.png
./themes/apple/img/loading.gif
./themes/apple/img/on_off.png
./themes/apple/img/pinstripes.png
./themes/apple/img/selection.png
./themes/apple/img/thumb.png
./themes/apple/img/toggle.png
./themes/apple/img/toggleOn.png
```

```
./themes/apple/img/toolbar.png
./themes/apple/img/toolButton.png
./themes/apple/img/whiteButton.png
./themes/apple/theme.css
./themes/jqt/img/back_button.png
./themes/jqt/img/back_button_clicked.png
./themes/jqt/img/button.png
./themes/jqt/img/button_clicked.png
./themes/jqt/img/chevron.png
./themes/jqt/img/chevron_circle.png
./themes/jqt/img/grayButton.png
./themes/jqt/img/loading.gif
./themes/jqt/img/on_off.png
./themes/jqt/img/rowhead.png
./themes/jqt/img/toggle.png
./themes/jqt/img/toggleOn.png
./themes/jqt/img/toolbar.png
./themes/jqt/img/whiteButton.png
./themes/jqt/theme.css
```

 Versuchen Sie, die Seite selbst in einem Browser zu laden (achten Sie darauf, dass Sie sie mit einer HTTP-URL wie *http://localhost/~IHR_BENUTZERNAME/ manifest.php*). Wenn Sie in Ihrer Liste mehr Dateien sehen, liegt das wahrscheinlich daran, dass Ihr jQTouch-Paket zusätzliche Dateien enthält. Die Dateien *LICENSE.txt*, *README.txt* und *sample.htaccess* können Sie löschen, ebenso die Verzeichnisse *demos* und *extensions*. Wenn Sie einige Verzeichnisse mit dem Namen *.svn* sehen, können Sie auch diese löschen (es sei denn, Sie haben Ihr Arbeitsverzeichnis unter SVN-Versionskontrolle gestellt – dann sind diese Dateien und Verzeichnisse wichtig). Dateien, die mit einem Punkt beginnen, sind im Mac OS X Finder oder einem Linux-Dateimanager standardmäßig unsichtbar (aber über die Kommandozeile können Sie mit ihnen arbeiten).

Öffnen Sie jetzt *index.html*, und fügen Sie in das `head`-Element folgendermaßen einen Verweis auf *manifest.php* ein:

```
<html manifest="manifest.php">
```

Jetzt wird das Manifest dynamisch generiert. Passen wir es also an, damit sich sein Inhalt ändert, wenn sich eine der Dateien im Verzeichnis ändert (erinnern Sie sich daran, dass der Client die App nur neu herunterlädt, wenn sich der Inhalt des Manifests geändert hat). Hier ist die modifizierte Datei *manifest.php*:

```
<?php
  header('Content-Type: text/cache-manifest');
  echo "CACHE MANIFEST\n";

  $hashes = "";❶

  $dir = new RecursiveDirectoryIterator(".");
  foreach(new RecursiveIteratorIterator($dir) as $file) {
    if ($file->IsFile() &&
        $file != "./manifest.php" &&
        substr($file->getFilename(), 0, 1) != ".")
```

```
    {
        echo $file . "\n";
        $hashes .= md5_file($file);❷
    }
    }
    echo "# Hash: " . md5($hashes) . "\n";❸
?>
```

❶ Diese Zeile initialisiert einen String, der MD5-Hashes für die Dateien enthält.

❷ Diese Zeile berechnet mit PHPs md5_file-Funktion (Message-Digest-Algorithmus 5) einen MD5-Hash für jede Datei und hängt ihn an das Ende des Strings $hashes an. Jede noch so kleine Änderung an der Datei führt dazu, dass sich das Ergebnis der Funktion md5_file ändert. Ein MD5-Hash ist ein String mit 32 Zeichen wie 4ac3c9c004cac7785fa6b132b4f18efc.

❸ Dieser Code nimmt den String mit allen MD5-Hashes (die Verkettung der 32-Zeichen-Strings für alle Dateien) und berechnet einen MD5-Hash für diesen String selbst. Das gibt uns einen kurzen String (er ist 32 Zeichen lang statt 32 Zeichen mal die Anzahl der Dateien), der als Kommentar ausgegeben wird (eine Zeile, die mit dem Kommentarzeichen # beginnt).Für den Client-Browser hat diese Zeile keine Bedeutung. Sie ist ein Kommentar, den der Browser ignoriert. Aber wenn sich eine der Dateien ändert, ändert sich auch diese Zeile, und das heißt, dass sich das gesamte Manifest geändert hat.

So könnte das Manifest aussehen, nachdem wir diese Änderung vorgenommen haben (einige Zeilen haben wir der Kürze halber weggelassen):

```
CACHE MANIFEST
./index.html
./jqtouch/jqtouch.css
./jqtouch/jqtouch.js
...
./themes/jqt/img/toolbar.png
./themes/jqt/img/whiteButton.png
./themes/jqt/theme.css
# Hash: ddaf5ebda18991c4a9da16c10f4e474a
```

Die Konsequenz der ganzen Sache ist, dass ein neuer Hash-String in das Manifest geschrieben wird, wenn sich nur ein einziges Zeichen in einer der Dateien im gesamten Verzeichnisbaum ändert. Das bedeutet, dass jede Änderung, die wir an einer der *Kilo*-Dateien vornehmen, auch zu einer Änderung der Manifest-Datei führt, die ihrerseits den Browser veranlasst, die App neu herunterzuladen, wenn der Anwender sie das nächste Mal startet. Ziemlich raffiniert, nicht wahr?

Debugging

Das Debugging von Apps, die den Offline Application Cache nutzen, kann eine recht komplizierte Angelegenheit sein, weil das, was geschieht, im Verborgenen passiert. Sie werden sich immer wieder fragen, ob Ihre Dateien heruntergeladen wurden oder ob Sie entfernte oder lokale Ressourcen vor sich haben. Außerdem ist das Wechseln zwischen

Online- und Offline-Modus nicht unbedingt eine zeitsparende Sache und kann den Entwicklung/Test/Debugging-Zyklus erheblich ausbremsen.

Sie können etwas leichter einsehen, was das Problem ist, falls die Sache nicht wunschgemäß verläuft, wenn Sie in JavaScript eine Protokollierung auf der Konsole einrichten.

 Wenn Sie sehen wollen, was aus Perspektive der Webservers geschieht, können Sie seine Log-Dateien überwachen. Wenn Sie einen Webserver auf einem Mac- oder Linux-Rechner ausführen, können Sie ein Kommandozeilenfenster öffnen (siehe »Die Kommandozeile nutzen« auf Seite 114) und die folgenden Befehle ausführen (das $ ist der *Shell-Prompt*, den Sie nicht eingeben dürfen):

```
$ cd /var/log/apache2/
$ tail -f access?log
```

Das zeigt die Log-Einträge des Webservers an, die Informationen wie den Zugriffszeitpunkt für eine Datei und den Dateinamen liefern. Wenn Sie damit fertig sind, drücken Sie Control-C, um die Betrachtung des Logs zu beenden.

Das ? auf der zweiten Zeile findet jedes Zeichen; unter Ubuntu Linux ist der Dateiname *access.log*, und auf dem Mac lautet er *access_log*. Wenn Sie eine andere Linux-Version oder Windows nutzen, kann die Datei einen anderen Namen haben und sich an einem anderen Platz befinden.

Die JavaScript-Konsole

Sie können sich das Leben erleichtern, indem Sie Ihren Web-Apps während der Entwicklung folgendes JavaScript hinzufügen. Es wird Ihnen helfen, wirklich zu verstehen, was hier geschieht. Das folgende Skript sendet Meldungen an die Konsole und sorgt dafür, dass Sie die Seite im Browserfenster nicht permanent aktualisieren müssen:

```
// Hilfs-Array für Statuswerte ❶
var cacheStatusValues = [];
cacheStatusValues[0] = 'uncached';
cacheStatusValues[1] = 'idle';
cacheStatusValues[2] = 'checking';
cacheStatusValues[3] = 'downloading';
cacheStatusValues[4] = 'updateready';
cacheStatusValues[5] = 'obsolete';

// Listener für alle möglichen Events ❷
var cache = window.applicationCache;
cache.addEventListener('cached', logEvent, false);
cache.addEventListener('checking', logEvent, false);
cache.addEventListener('downloading', logEvent, false);
cache.addEventListener('error', logEvent, false);
cache.addEventListener('noupdate', logEvent, false);
cache.addEventListener('obsolete', logEvent, false);
cache.addEventListener('progress', logEvent, false);
cache.addEventListener('updateready', logEvent, false);
```

```
// Alle Events auf der Konsole protokollieren
function logEvent(e) {❸
    var online, status, type, message;
    online = (navigator.onLine) ? 'yes' : 'no';
    status = cacheStatusValues[cache.status];
    type = e.type;
    message = 'online: ' + online;
    message+= ', event: ' + type;
    message+= ', status: ' + status;
    if (type == 'error' && navigator.onLine) {
        message+= ' (wahrscheinlich ein Syntaxfehler im Manifest)';
    }
    console.log(message);❹
}

// Die frisch heruntergeladenen Dateien einbinden, wenn die Aktualisierung abgeschlossen
ist
window.applicationCache.addEventListener(
    'updateready',
    function(){
        window.applicationCache.swapCache();
        console.log('swap cache has been called');
    },
    false
);

// Das Manifest alle 10 Sekunden auf Änderungen prüfen
setInterval(function(){cache.update()}, 10000);
```

 Sie können das in einer *.js*-Datei namens *debug.js* speichern, die Sie dann über das src-Attribut des script in Ihr HTML-Dokument einbinden, z.B. so: `<script type="text/javascript" src="debug.js"></script>`.

Das scheint eine ganze Menge Code zu sein, aber eigentlich passiert hier gar nicht so viel:

❶ Die ersten sieben Zeilen richten ein Array mit Statuswerten für das Application Cache-Objekt ein. Von der HTML5-Spezifikation werden fünf mögliche Werte definiert, und dieser Code bildet die entsprechenden ganzzahligen Werte auf eine kurze Beschreibung ab (z.B. heißt der Status 3 »downloading«). Diese Beschreibung schließen wir ein, damit wir die Log-Einträge in der Funktion logEvent aussagekräftiger machen können.

❷ Der nächste Codeteil richtet Event-Listener für alle Events ein, die von der Spezifikation definiert werden. Jeder ruft die Funktion logEvent auf.

❸ Die Funktion logEvent erwartet als Eingabe das Event und führt einige einfache Berechnungen durch, um eine aussagekräftige Log-Meldung zu generieren. Ist der Event-Typ error und ist der Anwender online, gibt es wahrscheinlich einen Syntaxfehler im entfernten Manifest. Syntaxfehler hat man sehr schnell ins Manifest eingeführt, weil alle Pfade gültig sein müssen. Wenn Sie eine Datei umbenennen oder entfernen und vergessen, das Manifest zu aktualisieren, werden spätere Aktualisierungen fehlschlagen.

 Dynamische Manifestdateien helfen bei der Vermeidung von Syntaxfehlern. Aber Sie müssen darauf achten, dass Sie keine Dateien einschließen (wie die in einem *.svn*-Unterverzeichnis), die der Server nicht ausliefern kann, weil Dateiberechtigungen das verhindern. Dann scheitert auch eine dynamische Manifestdatei, da die entsprechende Datei unlesbar ist.

❹ Diese Zeile sendet die aufgebaute Meldung an die Konsole.

In Chrome können Sie Konsolenmeldungen einsehen, indem Sie DARSTELLUNG→ENTWICKLER→JAVASCRIPT-Konsole wählen und auf CONSOLE klicken, wenn diese nicht automatisch ausgewählt ist.

Wenn Sie die Webseite in Ihrem Browser laden und die Konsole öffnen, sehen Sie alle 10 Sekunden neue Meldungen erscheinen (siehe Abbildung 6-7). Sollten Sie nichts sehen, ändern Sie den Inhalt einer der Dateien (oder den Namen einer Datei), und frischen Sie die Seite in Ihrem Browser *zweimal* auf. Ich kann Ihnen nur empfehlen, dass Sie sich damit so lange vertraut machen, bis Sie den Eindruck haben, dass Sie wirklich wissen, was passiert. Sie können mit dem Manifest herumspielen (z.B. seinen Inhalt ändern und speichern, seinen Namen ändern, es in ein anderes Verzeichnis verschieben) und beobachten, wie die Konsequenzen Ihrer Handlungen wie durch Zauberhand in der Konsole sichtbar werden.

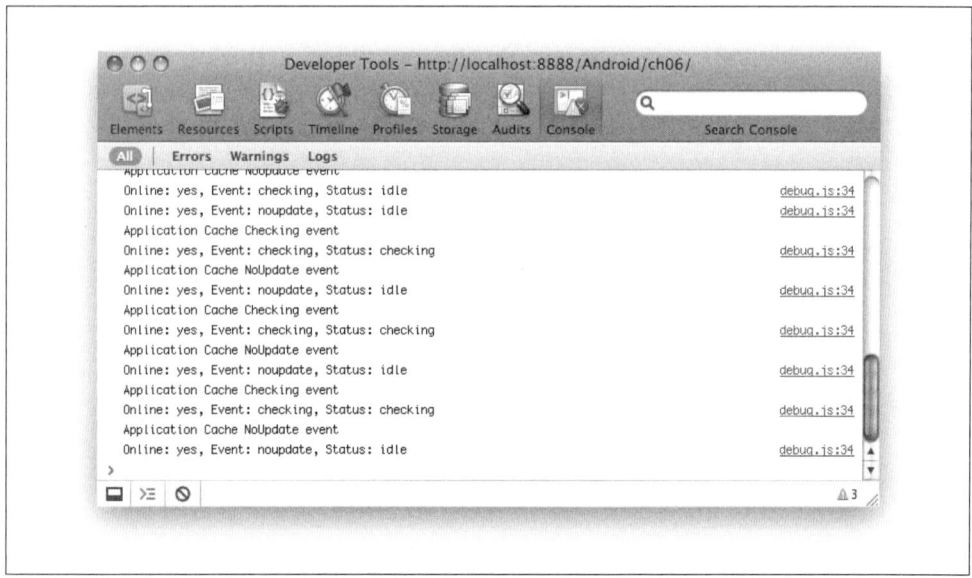

Abbildung 6-7: Mit console.log() Debbuging-Meldungen an die JavaScript-Konsole senden

Was Sie gelernt haben

In diesem Kapitel haben Sie gelernt, wie Sie Ihren Anwendern auch dann noch Zugriff auf Ihre App gewähren, wenn sie keine Verbindung zum Internet haben. Nachdem wir unserem Werkzeugkasten diese Fertigkeit hinzugefügt haben, sind wir in der Lage, Offline-Apps zu erstellen, die von nativen Apps, die vom Android Market heruntergeladen wurden, fast nicht zu unterscheiden sind.

Natürlich bleibt eine reine Web-App wie diese durch die Sicherheitsbeschränkungen, die für alle Web-Apps gelten, immer noch stark eingeschränkt. Beispielsweise kann eine Web-App nicht auf das Adressbuch, die Kamera, die Vibration oder den Beschleunigungssensor des Geräts zugreifen. Im folgenden Kapitel werde ich diese Dinge mit Unterstützung eines Open Source-Projekts namens *PhoneGap* angehen.

KAPITEL 7

Native Apps

Unsere Web-App kann mittlerweile viele Dinge tun, die native Apps beherrschen: Sie kann vom Homescreen gestartet werden, Daten lokal auf dem Gerät speichern und im Offline-Modus operieren. Wir haben sie ansprechend für das Gerät formatiert und nativ wirkende Animationen eingerichtet, die dem Benutzer Rückmeldungen und Kontextinformationen liefern.

Aber zwei Dinge kann sie immer noch nicht: Sie kann nicht auf Gerätefunktionen und -Hardware zugreifen (z.B. Geolocation, Beschleunigungssensor, Sound und Vibration), und sie kann auch nicht auf dem Android Market eingereicht werden. In diesem Kapitel werden Sie lernen, wie Sie mit Hilfe eines Open Source-Projekts namens PhoneGap die Reichweite Ihrer Web-App über die üblichen Grenzen des Browsers hinaus erweitern.

PhoneGap

Die mobile Landschaft ist mit Geräten, Plattformen und Betriebssystemen übersät. Wenn Sie Webentwickler sind, ist Ihnen die Qual nicht unbekannt, 10 und mehr verschiedene Browserversionen über 10 und mehr verschiedene Betriebssystemversionen testen zu müssen. Multiplizieren Sie das mit 100, und Sie haben eine Vorstellung davon, wie das auf dem Markt für Mobilgeräte aussieht. Es gibt schlicht kein kosteneffizientes Verfahren, um für alle möglichen Kombinationen zu entwickeln und zu testen.

Das ist der Punkt, an dem PhoneGap die Bühne betritt. PhoneGap ist ein Open Source-Entwicklungswerkzeug von Nitobi (*http://www.nitobi.com/*), das als vereinheitlichte Brücke zwischen Web-Apps und Mobilgeräten dient. Im Wesentlichen besteht es aus einer Vorlage für eine native App für die wichtigeren Plattformen, in der jedes Projekt schlicht ein Chrome-freier Webbrowser mit erweiterten Berechtigungen ist. Im Detail heißt das, dass PhoneGap es Ihnen ermöglicht, Ihrer Web-App mit etwas JavaScript Zugriff auf die Kamera eines iPhones, eines Nexus One, eines Palm Pre und anderer Geräte zu bieten.

Darüber hinaus wird die resultierende Anwendung, obwohl Sie sie mit HTML, CSS und JavaScript geschrieben haben, in eine native App gehüllt, die Sie in den App-Stores der jeweiligen Plattformen einreichen können. Aktuell werden iPhone, Android, BlackBerry,

Palm, Symbian (Nokia) und Windows Mobile unterstützt. Die Windows Phone 7-Unterstützung befindet sich in der Entwicklung.

Natürlich bieten unterschiedliche Geräte auch unterschiedliche Sätze von Funktionen. Das eine Gerät hat vielleicht keine Kamera oder keinen Beschleunigungssensor. Und auch wenn Geräte die gleichen Eigenschaften bieten, bieten sie diese dem Entwickler wahrscheinlich auf jeweils unterschiedliche Weise an. PhoneGap verallgemeinert die APIs der am verbreitetsten verfügbaren Funktionen mobiler Geräte und ermöglicht es Entwicklern damit, überall den gleichen Code zu nutzen. Sie müssen die App zwar noch manuell mit dem SDK (Software Development Kit) des jeweiligen Herstellers verteilen, aber den Code der App müssen Sie nicht mehr anpassen.

 Es gibt noch weitere Projekte und Produkte, die einen ähnlichen Zweck erfüllen wie PhoneGap, beispielsweise RhoMobile (*http://rhomobile.com/*) und Titanium Mobile (*http://www.appcelerator.com/*), aber ich ziehe PhoneGap vor, weil man bei PhoneGap Standard-Web-Apps schreiben und diese dann fast unverändert in eine native Codeumgebung einfügen kann.

Alle anderen Produkte, die ich mir angesehen habe, verlangen, dass man Code auf Basis eines proprietären Frameworks schreibt, das nur nativen Code ausgibt (d.h., Sie schreiben kein HTML, CSS und JavaScript, das sich in einem Browser ausführen ließe). Ich bin mit diesen Produkten nicht hinreichend vertraut, um Ihnen einen detaillierten Vergleich bieten zu können. Sie sollten eventuell also einen Blick auf sie werfen, um zu prüfen, ob sie für Ihre Zwecke geeigneter sind als PhoneGap.

Da dies ein Android-Buch ist, werde ich mich auf die Android-Version von PhoneGap konzentrieren. Sie sollten sich aber dessen bewusst sein, dass Sie die Möglichkeit hätten, Ihre Anwendung ohne große Veränderungen für iPhone, Nokia, Palm und andere beliebte Geräte bereitzustellen.

Die Kommandozeile nutzen

In diesem Kapitel werden wir über die Kommandozeile mit PhoneGap und dem Android SDK arbeiten. Die Kommandozeile ist eine textbasierte Umgebung, in der Sie Dinge tun können, die über die grafische Schnittstelle Ihres Betriebssystems wahrscheinlich nicht durchführbar sind. Unter Mac OS X ist das die Terminal-Anwendung, die Sie im Ordner */Programme/Dienstprogramme* finden. Unter Windows ist es die Eingabeaufforderung (klicken Sie auf START, wählen Sie ALLE PROGRAMME→ZUBEHÖR→EINGABEAUFFORDERUNG). Unter Linux öffnen Sie ein *xterm* oder *Terminal*.

Die Kommandozeile kann auf den ersten Blick ziemlich geekhaft und kryptisch erscheinen, deswegen verspreche ich, dass ich alles so einfach wie möglich halten und dabei so viel wie möglich erklären werde. Während Sie die Beispiele durcharbeiten, sollten Sie darauf achten, dass Sie alles genau so eingeben, wie es hier erscheint. Anders gesagt, Leerzeichen und Groß-/Kleinschreibung sind relevant. Sie können die Beispieldateien für dieses Kapitel auch von der O'Reilly-Seite zu diesem Buch (*http://www.oreilly.de/catalog/9783897215733*) herunterladen, wenn Sie Copy-and-Paste vorziehen.

Das Android SDK herunterladen

PhoneGap arbeitet mit dem Android SDK zusammen. Bevor wir mit PhoneGap loslegen können, müssen wir also das Android SDK selbst herunterladen und installieren. Befolgen Sie die folgenden Schritte, um dies zu tun:

1. Gehen Sie zur Android SDK-Download-Seite (*http://developer.android.com/sdk/index.html*), und laden Sie das passende Paket für Ihre Plattform herunter. Wenn Sie unter Windows oder Linux arbeiten, müssen Sie erst Java installieren (siehe *http://java.sun.com/javase/downloads*). Mein Entwicklungsrechner ist ein MacBook Pro, auf dem Mac OS X 10.6 läuft. Das passende Paket ist in meinem Fall also *android-sdk_r06-mac_86.zip* für Mac OS X (Intel) (siehe Abbildung 7-1). Das 06 im SDK-Dateinamen bezieht sich auf die Version des Android SDK und kann bereits einen anderen Wert haben, wenn Sie dies lesen.

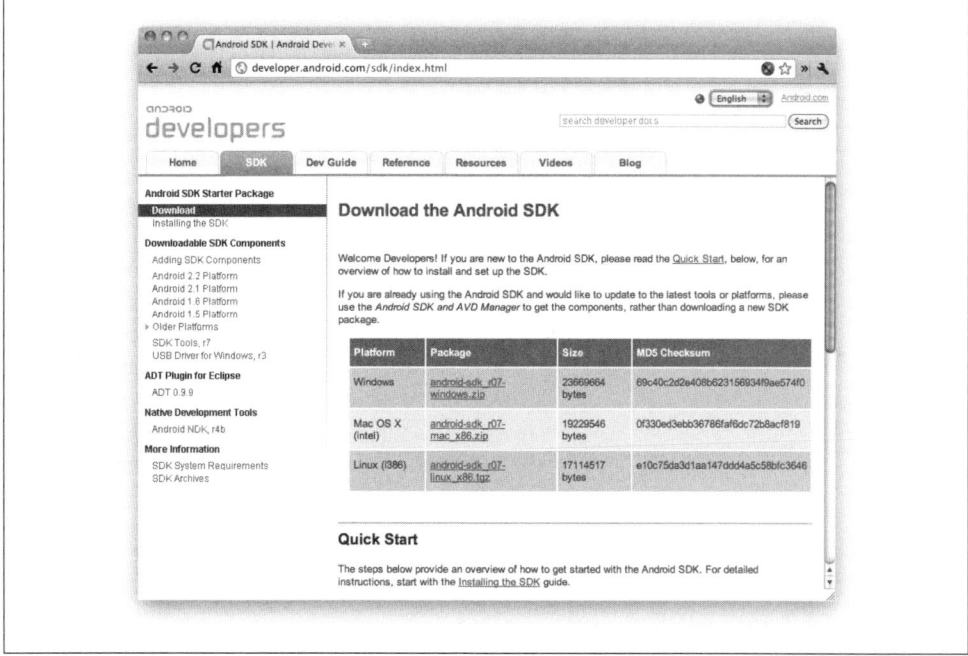

Abbildung 7-1: Laden Sie das passende Android SDK für Ihren Entwicklungsrechner herunter.

 Auf Mac OS X ist Java vorinstalliert. Unter Linux ist es in der Regel über den jeweiligen Package-Manager verfügbar. Wenn Sie Java unter Windows installieren, müssen Sie die Umgebungsvariable JAVA_HOME setzen. Befolgen Sie dazu die Anweisungen in Abschnitt »Die Umgebung einrichten« auf Seite 119, aber verändern Sie nicht die Umgebungsvariable PATH, sondern erstellen Sie eine neue Umgebungsvariable namens JAVA_HOME, und setzen Sie sie auf das Verzeichnis, in das Java installiert wurde (z.B. *C:\Programmdateien\Java\jdk1.6.0_21*).

2. Entpacken Sie das heruntergeladene Archiv in einem beliebigen Verzeichnis. Ich werde meins auf den Desktop packen.

 Unter Windows können Sie das ~-Kürzel für das Benutzerverzeichnis nicht verwenden. Außerdem sollten Sie in den Pfadnamen Leerzeichen vermeiden. Wenn Sie Windows XP nutzen (das mindestens zwei Leerzeichen im Pfad zu Ihrem Benutzerverzeichnis enthält, da dieses sich unter *Dokumente und Einstellungen* befindet), sollten Sie deswegen ein Verzeichnis wie *C:\Source* nutzen, anstatt das Paket auf dem Desktop zu entpacken.

3. Der Einfachheit halber werde ich das entpackte SDK-Verzeichnis in *Android* umbenennen.

4. Starten Sie die Terminal-Anwendung, und navigieren Sie in das *tools*-Unterverzeichnis des Android SDK-Verzeichnisses. Wenn Sie das Android-Verzeichnis auf Ihrem Desktop entpackt und umbenannt haben, können Sie dazu den folgenden Befehl nutzen:

```
cd ~/Desktop/Android/tools/
```

Unter Linux sieht der Befehl identisch aus (wenn Sie das Verzeichnis *Android* in das *Desktop*-Unterverzeichnis Ihres Benutzerverzeichnisses gesteckt haben). Unter Windows sähe der Befehl ungefähr so aus:

```
cd %USERPROFILE%\Desktop\Android\tools
```

5. Geben Sie den folgenden Befehl ein, um *Android SDK and AVD Manager* zu starten. Auf dem Mac und unter Linux lautet der Befehl:

```
./android
```

Unter Windows lautet der Befehl:

```
android
```

6. Klicken Sie, wenn das ANDROID SDK AND AVD MANAGER-Fenster geladen ist, in der linken Seitenleiste auf AVAILABLE PACKAGES. Im Bereich SITES, PACKAGES, AND ARCHIVES sollte dann genau ein Element erscheinen (siehe Abbildung 7-2).

7. Kreuzen Sie das Kästchen neben *https://dl-ssl.google.com/android/repository/repository.html* an, um alle verfügbaren Pakete und Archive zu installieren (siehe Abbildung 7-3).

8. Klicken Sie in der rechten unteren Ecke des Fensters auf den Button INSTALL SELECTED.

9. Es öffnet sich ein Fenster, das Sie auffordert, die Lizenzbedingungen zu akzeptieren. Lesen Sie diese, kreuzen Sie ACCEPT an, und klicken Sie auf den Button INSTALLIEREN, um den Download zu starten (siehe Abbildung 7-4).

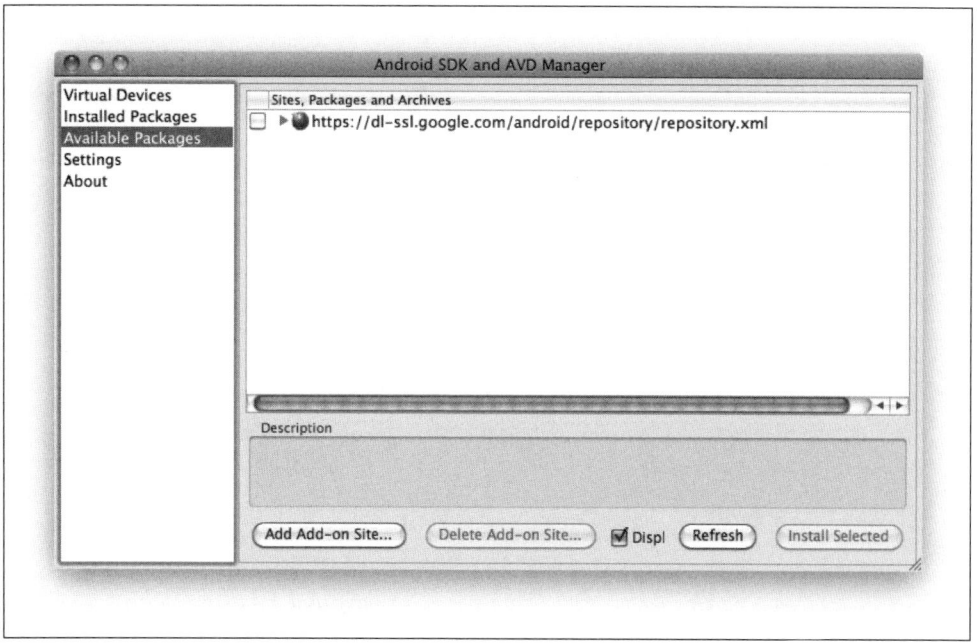

Abbildung 7-2: Mit dem »Android SDK and AVD Manager« laden Sie die SDK-Pakete für bestimmte Versionen des Android OS herunter.

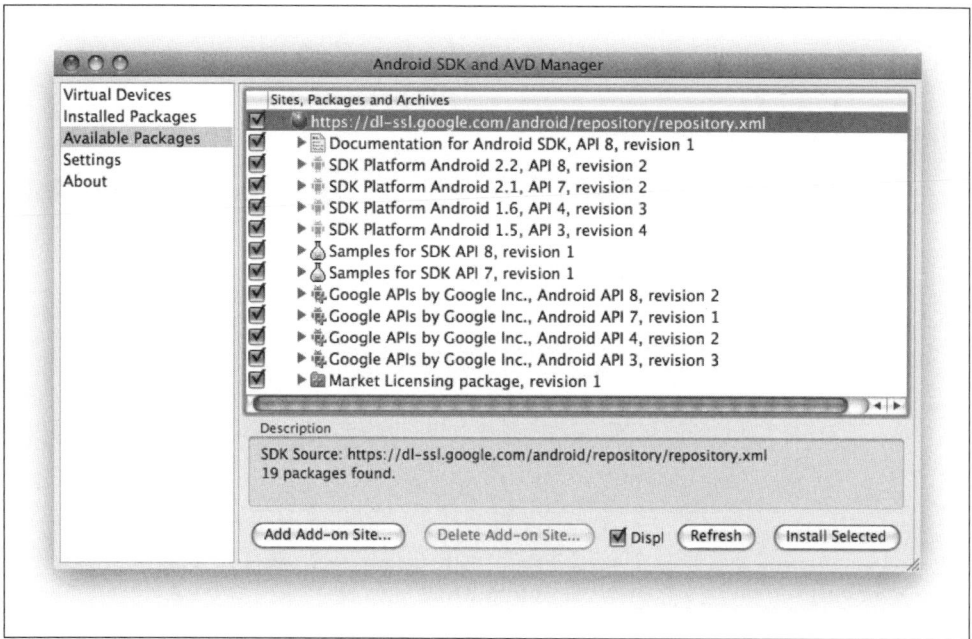

Abbildung 7-3: Wählen Sie »https://dl-ssl.google.com/android/repository/repository.html« aus, und installieren Sie es mit »Install Selected«.

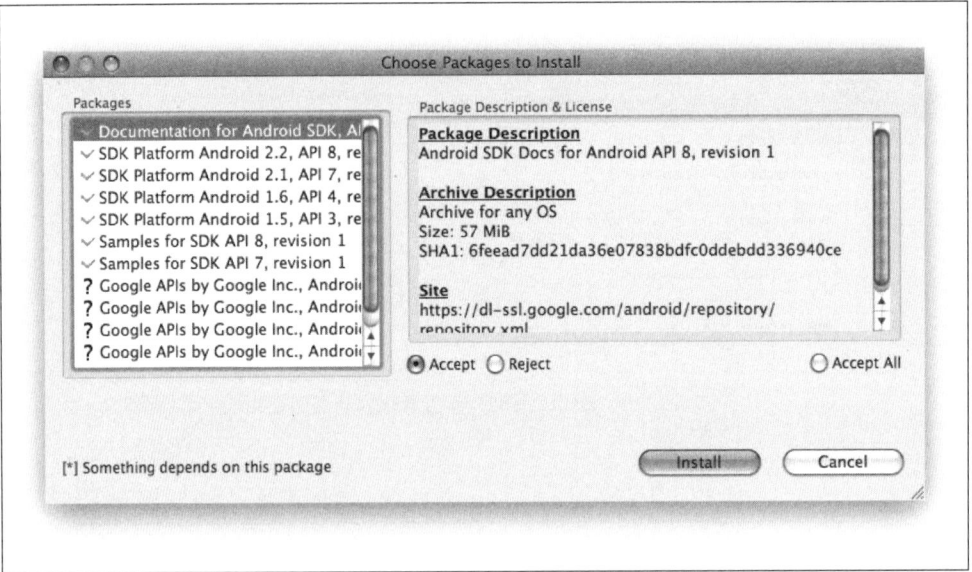

Abbildung 7-4: Lesen und akzeptieren Sie die Plattformbeschreibung und -lizenz, und klicken Sie dann auf »Install«.

10. Klicken Sie auf CLOSE, um das Fenster zu schließen, nachdem der Download abgeschlossen ist.

11. Wählen Sie auf Mac OS X QUIT ANDROID im ANDROID-MENÜ, um die Android-App zu verlassen. Schließen Sie unter Windows oder Linux einfach das Fenster.

PhoneGap herunterladen

Nachdem wir das Android SDK installiert haben, können wir mit PhoneGap ein Android-Projekt auf Grundlage unserer Web-App erstellen.

 Um sicherzustellen, dass die Anweisungen in diesem Buch über einen längeren Zeitraum funktionieren, habe ich eine eigene Version des Phone-Gap-Android-Projekts erstellt, und ich werde versuchen, sie recht konstant und stabil zu halten. Sind Sie mit meiner Version von PhoneGap für die Entwicklung für Android hinreichend vertraut, sollen Sie die Hauptseite des PhoneGap-Projekts (*http://phonegap.com*) besuchen und schauen, ob es etwas aufregendes Neues gibt, das Sie eventuell in Ihre Apps einbauen wollen.

1. Gehen Sie zur Android PhoneGap-Downloadseite auf GitHub (*http://github.com/jonathanstark/phonegap-android*), und klicken Sie auf den DOWNLOAD SOURCE-Button oben rechts unter dem Suchfeld (siehe Abbildung 7-5).

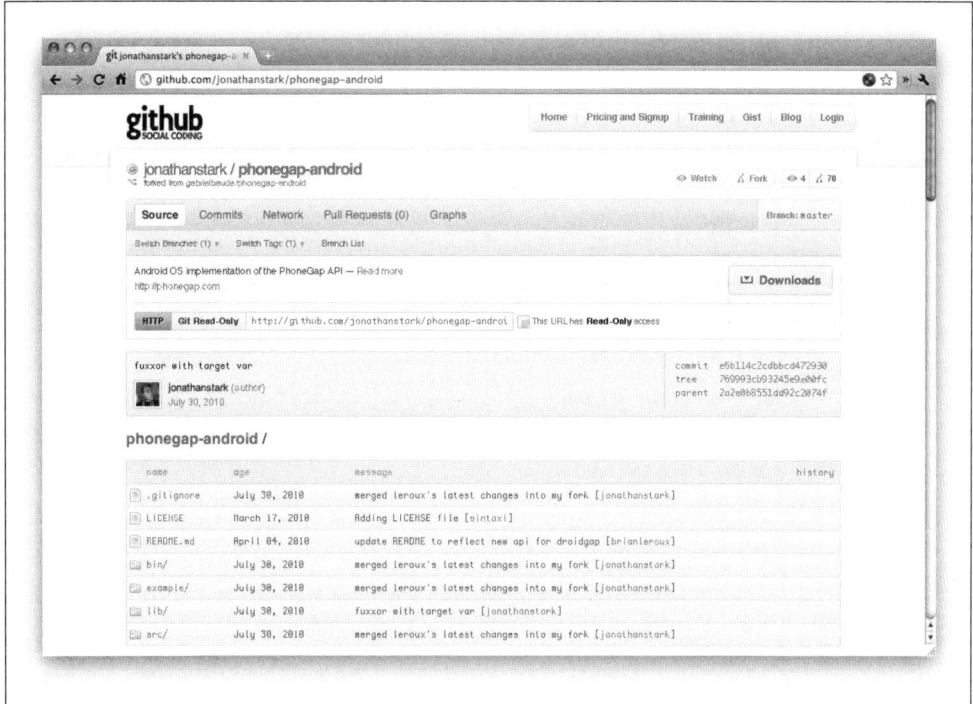

Abbildung 7-5: Meine PhoneGap Android-Seite sichert die Zukunftsfähigkeit der Beispiele in diesem Buch.

2. Wenn Sie aufgefordert werden, ein Archivformat zu wählen, klicken Sie auf das große *.zip*-Symbol. Das Download-Bild bleibt auch nach Abschluss des Downloads geöffnet.

3. Entpacken Sie das heruntergeladene Archiv in ein beliebiges Verzeichnis. Ich packe meines auf den Desktop und benenne das entpackte SDK-Verzeichnis der Kürze halber in »PhoneGap« um.

Die Umgebung einrichten

Damit sie zusammenarbeiten können, müssen Android SDK und PhoneGap einander finden können. Um das zu vereinfachen, müssen Sie Ihre PATH-Umgebungsvariable anpassen.

Ihr Computer nutzt *Umgebungsvariablen* zur Speicherung gewisser Informationen, die von den Programmen genutzt werden, die Sie ausführen. Eine davon ist PATH. Das ist eine Liste mit Verzeichnissen, die Programmen sagt, wo Sie nach anderen Programmen suchen müssen. Wenn Sie auf der Kommandozeile einen Befehl (wie grep oder findstr) eingeben, sucht Ihr Computer in allen Verzeichnissen in Ihrem PATH nach dem Befehl.

Unter Windows werden die Elemente im PATH durch ein Semikolon, z.B. C:\Windows\
System32;C:\Windows getrennt. Auf dem Mac und unter Linux werden sie durch einen
Doppelpunkt getrennt, z.B. /usr/bin:/usr/local/bin.

Um unter Windows PATH ein Verzeichnis hinzuzufügen, öffnen Sie die Systemeigenschaf-
ten. Das können Sie tun, indem Sie mit links auf Start klicken und unter Windows XP mit
rechts auf Arbeitsplatz klicken, Eigenschaften wählen und dann zum Tab Erweitert
gehen; unter Vista oder Windows 7 klicken Sie rechts auf Computer und wählen
Eigenschaften und dann den Link Erweiterte Systemeinstellungen auf der linken Seite.

Klicken Sie dann im erscheinenden Dialog auf Umgebungsvariablen. Scrollen Sie unter
Systemvariablen nach unten, bis Sie PATH sehen, und klicken Sie doppelt darauf. Achten
Sie darauf, dass Sie noch nichts verändern (sollten Sie einen Fehler machen, können Sie
jederzeit auf Abbrechen klicken und neu beginnen). Gehen Sie mit dem Cursor ganz nach
rechts, und hängen Sie Folgendes an den vorhandenen Text an (ohne Leerzeichen vor
dem Semikolon):

```
;C:\Android\tools;C:\PhoneGap\bin
```

Ersetzen Sie C:\Android durch den Ort des Android SDKs (z.B. *C:\Users\Benutzername*
Desktop\Android) und C:\PhoneGap durch den Ort, an dem Sie PhoneGap installiert
haben. Klicken Sie auf OK, und schließen Sie die verbleibenden Dialogfenster.

Auf Mac OS X oder unter Linux sollten Sie in Ihrem Benutzerverzeichnis eine *.bash_pro-*
file-Datei finden. Diese ist versteckt. Probieren Sie also, auf der Kommandozeile den
folgenden Befehl auszuführen:

```
ls -l ~/.bash_profile
```

Existiert diese Datei, bearbeiten Sie diese, indem Sie wie unten zu sehen den nano-Editor
ausführen. Gibt es diese Datei nicht, aber eine *.profile*-Datei (prüfen Sie das mit ls -l
~/.profile), bearbeiten Sie stattdessen jene Datei (ersetzen Sie einfach *.bash_profile* durch
.profile):

```
nano ~/.bash_profile
```

Scrollen Sie mit den Pfeiltasten in der Datei nach unten, und hängen Sie dort die folgende
Zeile an:

```
PATH=$PATH:~/Android/tools:~/PhoneGap/bin
```

Ersetzen Sie ~/Android durch den Ort des Android SDKs (wie *~/Desktop/Android/tools*)
und ~/PhoneGap durch den Ort von PhoneGap. Speichern Sie die Datei, indem Sie
Control-O und dann Enter drücken. Drücken Sie Control-X, um nano zu verlassen.

Schließen Sie alle offenen Eingabeaufforderungsfenster oder Terminals, und starten Sie sie
dann neu. Jetzt sollten Sie auf der Kommandozeile Befehle wie adb oder android ausführen
können. Falls nicht, werfen Sie einen Blick in *http://developer.android.com/sdk/instal-*
ling.html#Installing, und schauen Sie sich Anleitungen dort an.

 Das Hilfsprogramm im Verzeichnis *PhoneGap/bin* erfordert, dass auf Ihrem Rechner Ruby installiert ist. Auf Mac- oder Linux-Systemen sollte es standardmäßig installiert sein. Wenn Sie es unter Windows installieren (siehe *http://www.ruby-lang.org/en/downloads/*), müssen Sie eventuell erneut Ihre PATH-Variable bearbeiten, um ihr den Pfad zu Rubys *bin*-Verzeichnis (z.B. *C:\Ruby191\bin*) hinzuzufügen. Denken Sie daran, wie beim letzten Mal dem Pfadeintrag ein Semikolon voranzustellen.

Ein virtuelles Android-Gerät erstellen

Nachdem wir das Android SDK und PhoneGap installiert (und unsere PATH-Variable aktualisiert) haben, müssen wir einen Geräteemulator erstellen, der es uns ermöglicht, unseren Code in einer simulierten Umgebung zu testen.

1. Geben Sie Folgendes ein, um eine Aufstellung der verfügbaren Ziele einzusehen:

   ```
   android list targets
   ```

   Ich habe alle SDK-Plattformen heruntergeladen. Auf meinem Rechner zeigt dieser Befehl also vier Optionen an:

   ```
   jsc-mbp:~ jstark$ android list targets
   Available Android targets:
   id: 1 or "android-3"
        Name: Android 1.5
        Type: Platform
        API level: 3
        Revision: 4
        Skins: HVGA (default), HVGA-L, HVGA-P, QVGA-L, QVGA-P
   id: 2 or "android-4"
        Name: Android 1.6
        Type: Platform
        API level: 4
        Revision: 3
        Skins: HVGA (default), QVGA, WVGA800, WVGA854
   id: 3 or "android-7"
        Name: Android 2.1-update1
        Type: Platform
        API level: 7
        Revision: 2
        Skins: HVGA (default), QVGA, WQVGA400, WQVGA432, WVGA800, WVGA854
   id: 4 or "android-8"
        Name: Android 2.2
        Type: Platform
        API level: 8
        Revision: 1
        Skins: HVGA (default), QVGA, WQVGA400, WQVGA432, WVGA800, WVGA854
   ```

Beachten Sie den in der Ausgabe für Android 2.1 aufgeführten ID-String (android-7). Dieses SDK entspricht der aktuell am weitesten verbreiteten Version.

2. Geben Sie den folgenden Befehl ein, um Ihr AVD (Android Virtual Device) zu erzeugen:

```
android create avd -n mySim -t android-7
```

Hier sagen wir Android, dass es ein virtuelles Gerät (avd) mit dem Namen (-n) »mySim« erstellen soll, das die Plattform (-t) android-7 emuliert.

Wenn Sie gefragt werden, ob Sie benutzerdefinierte Optionen konfigurieren wollen, geben Sie einfach no ein und drücken Enter. Der Prozess sollte nur ein paar Sekunden in Anspruch nehmen. Ist er abgeschlossen, ist der Emulator installiert.

3. Geben Sie folgenden Befehl ein, um den Emulator zu starten:

```
emulator -avd mySim
```

Hier nutzen wir den Befehl emulator, um das Android Virtual Device zu starten, das wir gerade erstellt haben. Auf den Schalter -avd folgt der Name, den Sie gewählt haben, als Sie das AVD im letzten Schritt erstellten.

Warten Sie, bis der Emulator initialisiert ist und den Homescreen der Geräts anzeigt (siehe Abbildung 7-6). Der erste Start kann ein oder zwei Minuten dauern, üben Sie sich also in Geduld.

Abbildung 7-6: Mit dem »Android Virtual Device« (AVD) können Sie Ihre App ohne echtes Gerät testen und debuggen.

KiloGap erstellen

Als Nächstes werden wir unsere Web-App in eine native Android-App umwandeln. Die Jungs bei Nitobi haben eine nützliche kleine Hilfsanwendung namens *droidgap* erstellt, die uns dabei unterstützt. Wenn Sie droidgap ausführen, müssen Sie einige Fragen beantworten und an den verschiedensten Stellen einer Vorlage Ihre Antworten platzieren, um Ihr Projekt zu erstellen. Das Programm ist wirklich umwerfend; sollte Ihnen je jemand von Nitobi über den Weg laufen, sollten Sie ihm ein Bier spendieren.

 Das Android SDK benötigt *Apache Ant*, das unter Mac OS X und vielen Linux-Versionen vorinstalliert ist. Wenn Sie Windows nutzen, schauen Sie unter *http://ant.apache.org/manual/install.html* nach. Sie müssen Ant installieren, bevor Sie droidgap ausführen können.

1. Starten Sie die Terminal-Anwendung, und geben Sie den folgenden Befehl ein, um den Assistenten in Gang zu setzen:

   ```
   droidgap wiz
   ```

   Der Assistent wird von Ihnen einige Informationen einfordern, die bei der Erstellung des PhoneGap-Projekts erforderlich sind (siehe Abbildung 7-7).

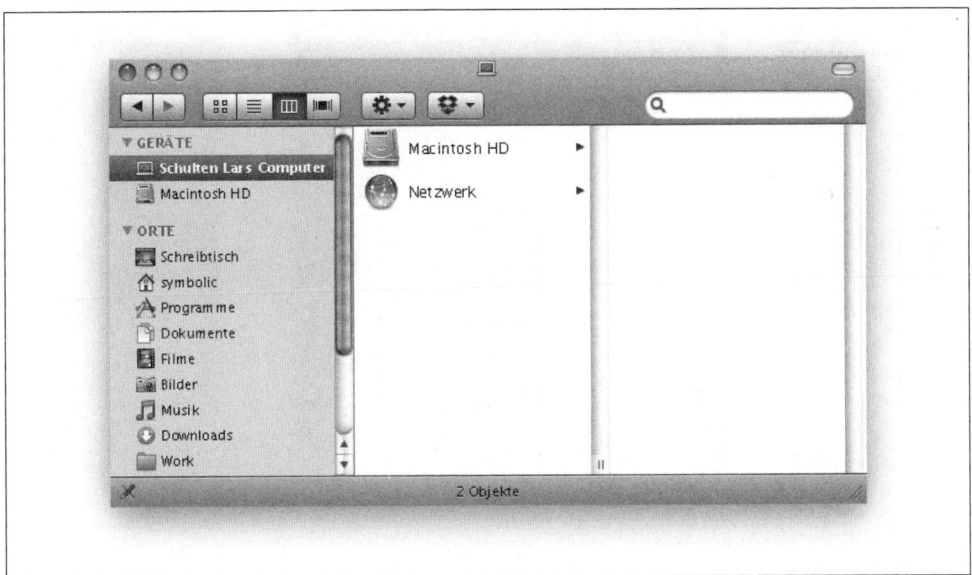

Abbildung 7-7: Der »droidgap«-Assistent stellt einige Fragen und erstellt ein auf Ihren Antworten basierendes, angepasstes Android-Projekt.

2. Geben Sie, wenn Sie dazu aufgefordert werden, einen Namen für Ihre App ein. Das ist der Name, der dem Benutzer an mehreren Orten auf seinem Gerät angezeigt wird (z.B. unter dem Homescreen-Symbol für Ihre App und in der Liste von Apps). Ich gebe »Kilo« ein.

3. Geben Sie, wenn Sie dazu aufgefordert werden, einen Package-Namen für Ihre App an. Der Package-Name dient als eindeutiger Bezeichner für Ihre App. Üblicherweise nutzt man dazu die *Reverse Domain Name*-Syntax (den umgekehrten Domainnamen). Ich werde com.jonathanstark.kilo eingeben. Sie sollten Ihren eigenen Domainnamen nutzen.

4. Geben Sie, wenn Sie dazu aufgefordert werden, dem Pfad zum dem Verzeichnis auf Ihrem Rechner ein, das die HTML-, CSS- und JavaScript-Dateien für Ihre Web-App enthält. Meine Dateien befinden sich in einem Verzeichnis namens *www* auf meinem Desktop (siehe Abbildung 7-8), ich gebe also Folgendes ein:

```
~/Desktop/www
```

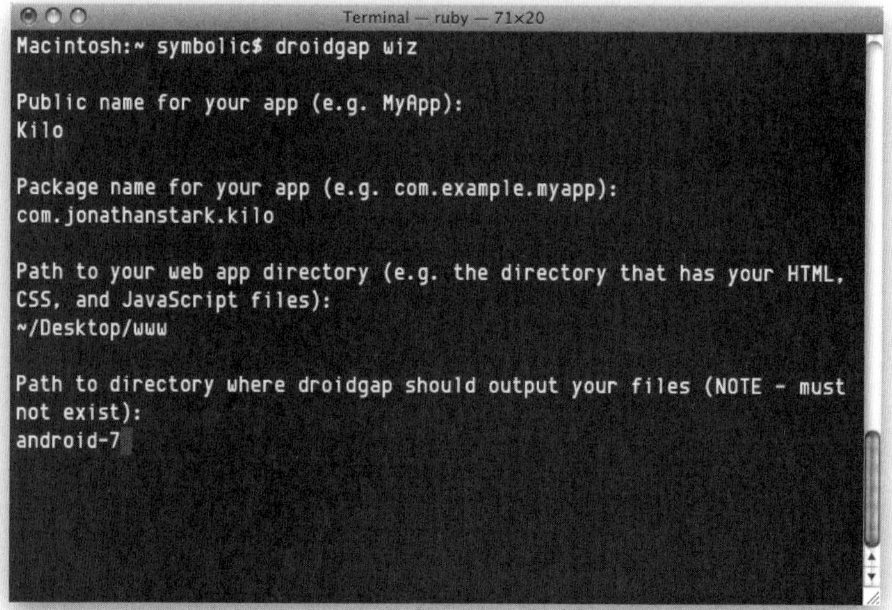

```
Macintosh:~ symbolic$ droidgap wiz

Public name for your app (e.g. MyApp):
Kilo

Package name for your app (e.g. com.example.myapp):
com.jonathanstark.kilo

Path to your web app directory (e.g. the directory that has your HTML,
CSS, and JavaScript files):
~/Desktop/www

Path to directory where droidgap should output your files (NOTE - must
not exist):
android-7
```

Abbildung 7-8: Meine HTML-, CSS- und JavaScript-Dateien liegen im »www«-Ordner auf meinem Desktop.

5. Geben Sie, wenn Sie dazu aufgefordert werden, einen Verzeichnispfad für Ihr Projekt an. Das Verzeichnis darf noch nicht bestehen – droidgap erstellt es für Sie. Gibt es unter dem von Ihnen angegebenen Pfad ein Verzeichnis, meldet droidgap einen Fehler und bittet um einen anderen Pfad. Ich möchte, dass droidgap mein Phone-Gap-Projekt auf meinem Desktop in einem Verzeichnis namens *KiloGap* ablegt, und gebe deswegen Folgendes ein:

```
~/Desktop/KiloGap
```

6. Geben Sie, wenn Sie dazu aufgefordert werden, die anvisierte Android SDK-Plattform an. Wenn Sie die Anweisungen oben befolgt und alle Android SDK-Plattformen installiert haben, ist die ID Ihrer Zielplattform android-7.

Wenn Sie eine andere Plattform anvisieren wollen, können Sie sich erneut die Liste der verfügbaren Plattformen anzeigen lassen, indem Sie die Plattform-ID leer lassen und Enter drücken. In der ersten Zeile für die Einträge der erscheinenden Liste wird die ID in Zahl- und Textform angezeigt (d.h. id: 2 or "android-4"). Geben Sie die Textform der ID ohne Anführungszeichen ein (d.h. android-4), wenn Sie wieder auf der droidgap-Eingabeaufforderung sind.

Nachdem Sie die ID der Zielplattform eingegeben haben, erstellt droidgap Ihr Projekt und steckt die Dateien in das von Ihnen angegebene Ausgabeverzeichnis. Dieser Vorgang sollte nur ein paar Sekunden dauern (siehe Abbildung 7-9).

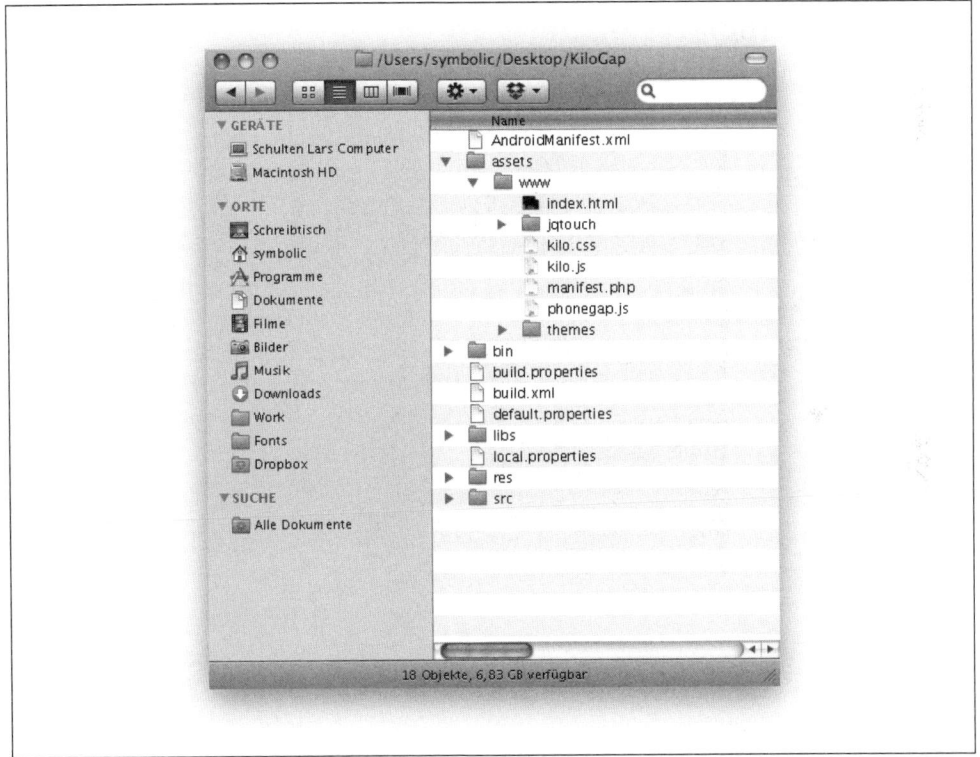

Abbildung 7-9: »droidgap« erstellt das Projekt und steckt die Dateien in das angegebene Ausgabeverzeichnis.

Wenn Sie zum Verzeichnis ~/*Desktop/KiloGap/assets/www/* gehen, sehen Sie, dass droidgap dort neben den anderen Dateien Ihrer Anwendung eine Datei namens *phonegap.js* abgelegt hat. Das ist die Datei, die PhoneGap nutzt, um verschiedene native Gerätfunktionen über JavaScript bereitzustellen. Wenn Sie *phonegap.js* nutzen wollen, müssen Sie die Datei in den head-Abschnitt Ihrer *index.html*-Datei einbinden:

```
...
<head>
    <title>Kilo</title>
    <link type="text/css" rel="stylesheet"
        media="screen" href="jqtouch/jqtouch.css"/>
    <link type="text/css" rel="stylesheet"
        media="screen" href="themes/jqt/theme.css"/>
    <link type="text/css" rel="stylesheet"
        media="screen" href="kilo.css"/>
<script type="text/javascript" src="phonegap.js" charset="utf-8"></script>
    <script type="text/javascript" src="jqtouch/jquery.js" charset="utf-8"></script>
    <script type="text/javascript" src="jqtouch/jqtouch.js" charset="utf-8"></script>
    <script type="text/javascript" src="kilo.js" charset="utf-8"></script>
</head>
...
```

KiloGap im Emulator installieren

Jetzt wird es Zeit, die nagelneue native Android-App im Emulator zu testen.

1. Wenn Ihr Emulator nicht läuft, starten Sie ihn, indem Sie im Terminal den folgenden Befehl eingeben (so kann er sich »warmlaufen« während Sie das Kilo-Package kompilieren):

    ```
    emulator -avd mySim
    ```

    Nach ein paar Sekunden sollte das Android-Emulator-Fenster erscheinen. Beachten Sie, dass der Cursor nicht in das Terminal-Fenster zurückkehrt – er sitzt dort und hängt, bis Sie den Emulator schließen. Wir werden mit diesem Fenster nicht mehr arbeiten, Sie können es also minimieren, um es aus dem Weg zu schaffen.

2. Öffnen Sie ein neues Terminal-Fenster, und gehen Sie ins *KiloGap*-Verzeichnis. In meinem Fall sieht der Befehl dazu so aus:

    ```
    cd ~/Desktop/KiloGap
    ```

3. Geben Sie den folgenden Befehl ein, um Ihre App mit Debugging-Unterstützung zu kompilieren:

    ```
    ant debug
    ```

    Wenn alles funktioniert, sollten Sie einen Strom von Ausgaben sehen, der mit BUILD SUCCESSFUL endet (siehe Abbildung 7-10). Es sollte sich dann eine ausführbare Programmdatei namens *Kilo-debug.apk* im Verzeichnis *~/Desktop/KiloGap/bin* befinden (siehe Abbildung 7-11). Ist der Kompilationsvorgang nicht erforderlich, sollten Sie die Schritte in Abschnitt »KiloGap erstellen« auf Seite 123 wiederholen.

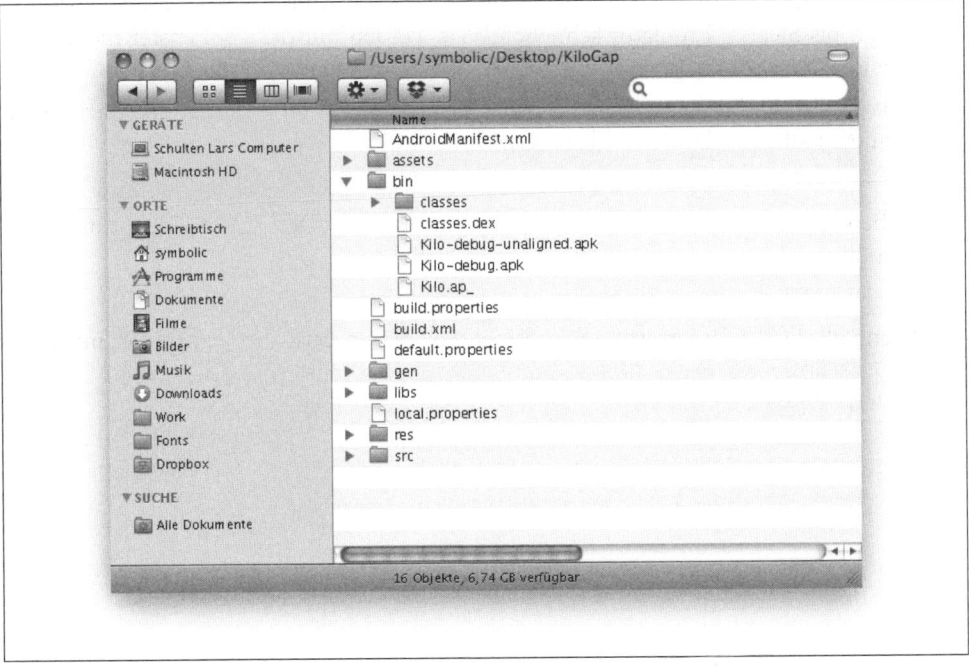

```
⊖ ⊖ ⊖                              Terminal — bash — 105×32
-aidl:
    [echo] Compiling aidl files into Java classes...

-pre-compile:

compile:
    [javac] Compiling 2 source files to /Users/symbolic/Desktop/KiloGap/bin/classes

-post-compile:

-dex:
    [echo] Converting compiled files and external libraries into /Users/symbolic/Desktop/KiloGap/bin/cla
sses.dex...

-package-resources:
    [echo] Packaging resources
    [aapt] Creating full resource package...
    [null]    (skipping hidden file '/Users/symbolic/Desktop/KiloGap/assets/.DS_Store')
    [null]    (skipping hidden file '/Users/symbolic/Desktop/KiloGap/assets/www/.DS_Store')
    [null]    (skipping hidden file '/Users/symbolic/Desktop/KiloGap/assets/www/themes/.DS_Store')
    [null]    (skipping hidden file '/Users/symbolic/Desktop/KiloGap/assets/www/themes/jqt/.DS_Store')

-package-debug-sign:
[apkbuilder] Creating Kilo-debug-unaligned.apk and signing it with a debug key...

debug:
    [echo] Running zip align on final apk...
    [echo] Debug Package: /Users/symbolic/Desktop/KiloGap/bin/Kilo-debug.apk

BUILD SUCCESSFUL
Total time: 10 seconds
Macintosh:KiloGap symbolic$
```

Abbildung 7-10: Ist »ant debug« erfolgreich, sehen Sie am Ende der Ausgabe »BUILD SUCCESSFUL«.

Abbildung 7-11: »ant debug« erstellt die App »Kilo-debug.apk« im »bin«-Verzeichnis unter »KiloGap«.

4. Wenn wir die Programmdatei haben, können wir sie auf dem Emulator installieren. Geben Sie dazu den folgenden Befehl ein (wenn Sie einen anderen Ort verwendet haben, ersetzen Sie *~/Desktop/KiloGap/bin/* durch den Ort des *bin*-Unterverzeichnisses des Verzeichnisses, das Sie droidgap oben in Schritt erstellen ließen):

```
adb -e install -r ~/Desktop/KiloGap/bin/Kilo-debug.apk
```

»adb« ist die Abkürzung für *Android Debug Bridge*, ein Werkzeug, das Teil des Android SDKs ist, das wir zu Anfang dieses Kapitels erstellt haben. Der Schalter -e sagt adb, dass es unser Binärpaket (d.h. *~/Desktop/KiloGap/bin/Kilo-debug.apk*) auf dem ersten laufenden Emulator installieren soll, den es findet. Der Schalter -r sagt adb, dass es ein eventuell bereits auf dem Emulator vorhandenes Binärpaket ersetzen soll. Wenn Sie die Fehlermeldung »device offline« erhalten, gehen Sie zum Emulator und entsperren ihn, falls er gesperrt sein sollte (schieben Sie dazu unter Android 2.2 beispielsweise das grüne Schloss nach rechts), und probieren Sie es erneut.

Jetzt ist Ihre App wie jede andere App auf dem Emulator verfügbar (siehe Abbildung 7-12). Suchen Sie im App-Launcher nach Kilo, und klicken Sie darauf, um die App zu starten, damit wir sie testen können. Sie werden sofort sehen, dass noch einige Aufräumarbeiten anstehen. Beispielsweise gibt es unten im Fenster eine ungefähr 40 px breite Lücke (siehe Abbildung 7-13).

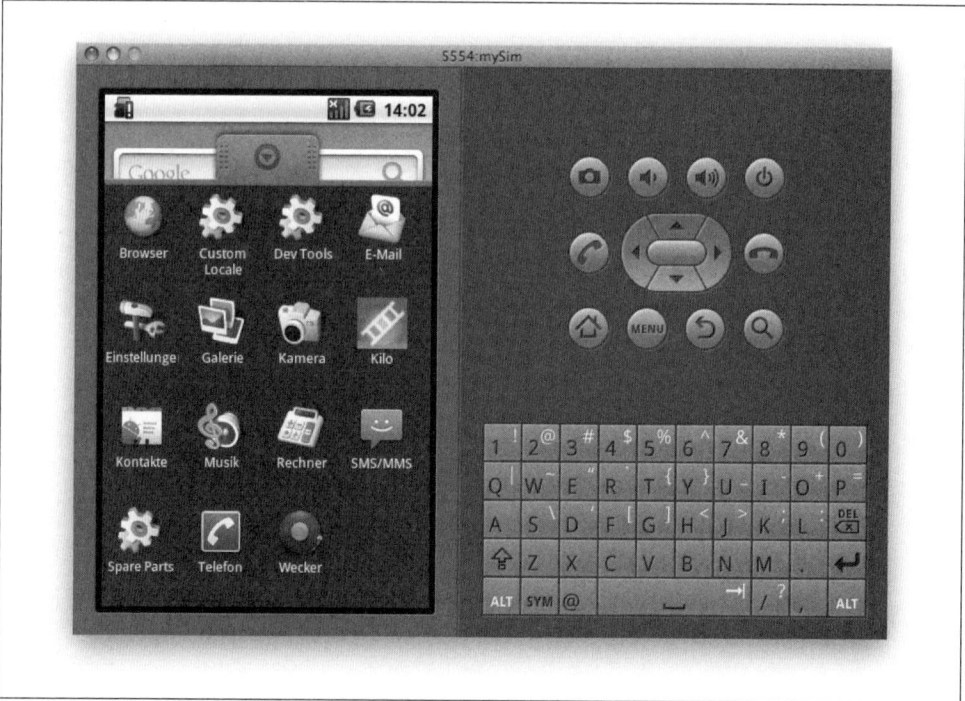

Abbildung 7-12: Ihre App ist jetzt wie eine gewöhnliche App im Emulator verfügbar.

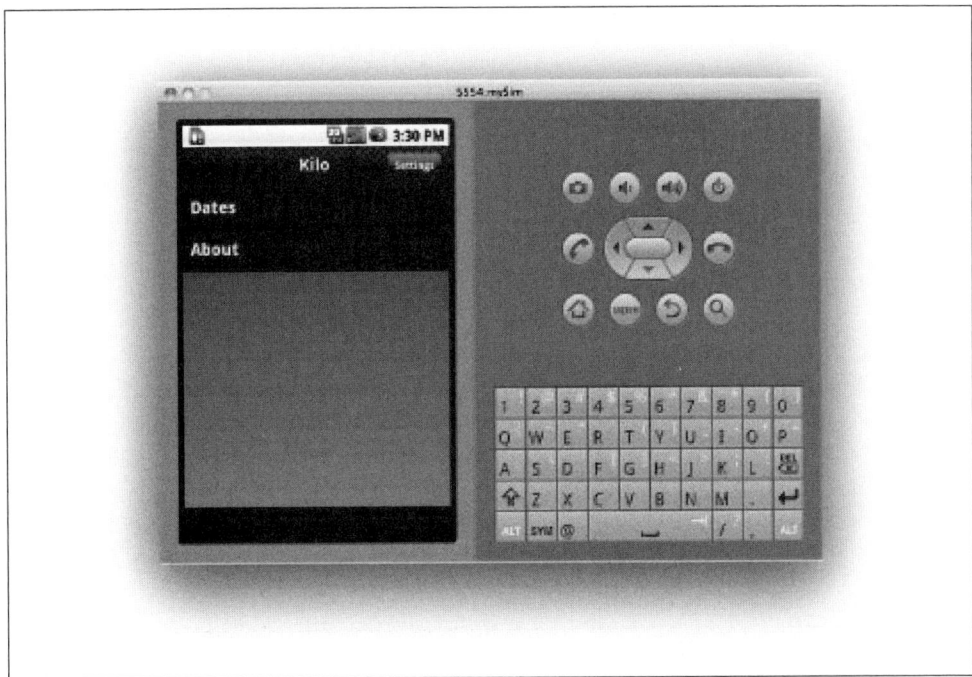

Abbildung 7-13: Ihre Web-App läuft jetzt als native App auf dem Android-Emulator.

Die vollständige Höhe des Bildschirms nutzen

Die Lücke taucht auf, weil jQTouch nicht erkennt, dass die App nicht mehr in einem gewöhnlichen Browserfenster läuft und deswegen Platz für die Werkzeugleiste des Browsers lässt. Glücklicherweise lässt sich das ganz leicht reparieren. Öffnen Sie einfach ~/*Desktop/KiloGap/assets/www/kilo.js*, und fügen Sie der Document-Ready-Funktion Folgendes hinzu:

```
if (typeof(PhoneGap) != 'undefined') {
    $('body > *').css({minHeight: window.innerHeight + 'px !important'});
}
```

Dieser Code nutzt den `typeof`-Operator, um zu prüfen, ob das `PhoneGap`-Objekt definiert ist. Läuft der Code in PhoneGap, wird diese Bedingung mit `true` ausgewertet. Wird der Code als Web-App gestartet, ist das PhoneGap-Objekt undefiniert. Die Bedingung wird folglich mit `false` ausgewertet.

Wird die App mit PhoneGap gestartet, erhalten die unmittelbaren Kinder des HTML-body-Elements eine minimale Höhe, die der Höhe des Inhaltsbereichs entspricht (455 px im Emulator, 508 px auf dem Nexus One). Hängen Sie ans Ende die Direktive `!important` an, um gegensätzliche Anweisungen an anderer Stelle der Stylesheets zu überschreiben, damit diese Regel in jedem Fall angewandt wird. Jetzt füllt die App das Fenster beim Start (siehe Abbildung 7-14) vollständig auf.

Abbildung 7-14: Die Höhe des Bodys wurde von 420 px in 455 px geändert, und die App nimmt jetzt den gesamten Bildschirm ein.

Das App-Symbol anpassen

Bislang wird unsere App im Emulator mit dem Standard-PhoneGap-Symbol dargestellt (ein blaues Quadrat mit einer Leiter darauf). Wenn wir das Aussehen des Symbols anpassen wollen, müssen wir unser eigenes Bild an einem bestimmten Ort im *KiloGap*-Projektverzeichnis ablegen – genau genommen an drei Orten.

Gehen Sie mit dem Dateimanager Ihres Systems zu *~/Desktop/KiloGap/res*, sehen Sie drei Ordner, deren Namen mit dem Präfix *drawable* beginnen: *drawable-hdpi*, *drawable-ldpi* und *drawable-mdpi*. Da Android eine Vielzahl von Geräten mit unterschiedlichen Bildschirmeigenschaften unterstützt, wurden drei Ordner für unterschiedliche Versionen Ihres Anwendungssymbols mit unterschiedlicher Auflösung gespeichert. *ldpi* dient für Bildschirme mit 100 bis 140 dpi, *mdpi* für Bildschirme mit 140 bis 180 dpi und *hdpi* für Bildschirme mit 190 bis 250 dpi.

Die Feinabstimmung Ihres Homescreen-Symbols für die unterschiedlichen Android-Geräte ist eine Sache, die den Horizont dieses Buchs übersteigt. Aber machen Sie sich keine Sorgen: Wenn Sie das Standard-PhoneGap-Symbol *icon.png* durch ein 56 Pixel im Quadrat großes *.png*-Bild ersetzen, kümmert sich Android sehr erfolgreich darum, dass es auf den unterschiedlichen Geräten angemessen dargestellt wird. Mehr Informationen zu Launcher-Symbolen finden Sie im Abschnitt »Dem Home-Screen ein Symbol hinzufügen« auf Seite 53. Für die Beispiele hier nutze ich einen glasierten Schoko-Donut auf pinkem Hintergrund.

Geben Sie im Terminal die folgenden Befehle ein, nachdem Sie die Standardsymbole ersetzt haben, um die App neu zu kompilieren und zu installieren:

```
cd ~/Desktop/KiloGap
ant debug
adb -d install -r bin/Kilo-debug.apk
```

Wenn der Vorgang abgeschlossen ist, sollten Sie das neue Symbol im Launcher des Geräts sehen (siehe Abbildung 7-15).

Abbildung 7-15: DSie können das Launcher-Symbol der App anpassen, indem Sie eine ».png«-Datei in den drei »drawable«-Verzeichnissen des Android-Projekts speichern.

KiloGap auf Ihrem Gerät installieren

Wenn Sie ein richtiges Android-Gerät zur Verfügung haben, können Sie *Kilo* darauf installieren. Die Anweisungen dafür ähneln denen für die Installation im Emulator:

1. Verbinden Sie Ihr Gerät mit einem USB-Port Ihres Rechners.

2. Aktivieren Sie auf Ihrem Gerät das Debugging, indem Sie zu EINSTELLUNGEN→ ANWENDUNGEN→ENTWICKLUNG navigieren und die Option USB DEBUGGING aktivieren.

3. Öffnen Sie ein Konsolenfenster, und wechseln Sie in das *KiloGap*-Verzeichnis. In meinem Fall ist der Befehl dazu:

```
cd ~/Desktop/KiloGap
```

4. Falls Sie die App noch nicht kompiliert haben, tun Sie das, indem Sie in einem Konsolenfenster folgenden Befehl eingeben, um Ihre App mit Debugging-Unterstützung zu kompilieren:

```
ant debug
```

Wenn alles gut geht, sollten Sie eine Menge Ausgaben sehen, die von der Meldung BUILD SUCCESSFUL abgeschlossen werden. Im Verzeichnis *~/Desktop/KiloGap/bin* befindet sich dann die ausführbare Programmdatei *Kilo-debug.apk*. Ist die Kompilation nicht erfolgreich, müssen Sie die Schritte in Abschnitt »KiloGap erstellen« auf Seite 123 wiederholen.

5. Jetzt haben wir eine Programmdatei, die wir auf dem Gerät installieren können. Geben Sie dazu den folgenden Befehl ein:

```
adb -d install -r bin/Kilo-debug.apk
```

Der Schalter -d sagt adb, dass das Binärpaket (d.h. *bin/Kilo-debug.apk*) auf dem ersten verbundenen Gerät installiert werden soll, das gefunden wird.

Ihre App ist auf dem Gerät jetzt wie jede andere App verfügbar. Suchen Sie Kilo in der Anwendungsliste, tippen Sie darauf, um die App zu starten, und testen Sie, wie sie funktioniert.

Das Gerät mit JavaScript steuern

Jetzt ist alles vorbereitet, und wir können damit beginnen, unsere Anwendung um Aufrufe nativer Gerätefunktionen zu bereichern. Dank *phonegap.js* müssen Sie Ihrem JavaScript beispielsweise nur eine einzige Codezeile hinzufügen, um ein Handy zum Vibrieren zu bringen:

```
navigator.notification.vibrate();
```

Ziemlich simpel, oder etwa nicht?

Piepen, Vibration und Warnungen

PhoneGap stellt so einfache beep-, vibrate- und alert-Funktionen zur Verfügung, dass ich alle drei in einem einzigen Beispiel zusammenfassen werde. In diesem werden wir die App dazu bringen, dass sie piept, eine Vibration generiert und eine Warnung anzeigt, wenn der Anwender einen Eintrag einfügt, der seine Nahrungsaufnahme das tägliche Kalorienlimit überschreiten lässt. Hängen Sie dazu ans Ende der *kilo.js*-Datei im Verzeichnis *~/Desktop/KiloGap/assets/www/* folgende Funktion an:

```
function checkBudget() {❶
    var currentDate = sessionStorage.currentDate;
    var dailyBudget = localStorage.budget;
    db.transaction(❷
        function(transaction) {
            transaction.executeSql(❸
```

```
                'SELECT SUM(calories) AS currentTotal FROM entries WHERE date = ?;',❹
                [currentDate], ❺
                function (transaction, result) {❻
                    var currentTotal = result.rows.item(0).currentTotal;❼
                    if (currentTotal > dailyBudget) {❽
                        var overage = currentTotal - dailyBudget;❾
                        var message = 'Sie haben ihr Tageslimit um '+overage+
                            'überschritten. Da ist eine Trainingseinheit fällig!';❿
                        try {⓫
                            navigator.notification.beep(1);
                            navigator.notification.vibrate();
                        } catch(e){
                            // Kein Äquivalent in Web-Apps
                        }
                        try {⓬
                            navigator.notification.alert(message, null,
                                'Limit überschritten', 'Bumm!');
                        } catch(e) {
                            alert(message);
                        }
                    }
                },
                errorHandler ⓭
            );
        }
    );
}
```

Hier ist eine Beschreibung der einzelnen Schritte:

❶ Das ist der Anfang der Funktion checkBudget(). Er initialisiert die Variable currentDate auf den in sessionStorage gespeicherten Wert (d.h. auf den Wert, den der Anwender auf der Seite EINSTELLUNGEN eingegeben hat) und setzt die Variable dailyBudget auf den Wert, der in localStorage gespeichert ist (d.h. das Datum auf der Tage-Seite, auf das der Anwender getippt hat).

❷ Öffnet eine Datenbanktransaktion zur Vorbereitung der Berechnung der Kalorien für den gesamten Tag.

❸ Führt die executeSql()-Methode des Transaktionsobjekts aus.

Untersuchen wir die vier Parameter der executeSql()-Methode:

❹ Der erste Parameter ist eine vorbereitete SQL-Anweisung, die die Funktion SUM nutzt, um die Werte in der Spalte calories für die Einträge zusammenzurechnen, deren Datum dem aktuellen Datum entsprechen.

❺ Der zweite Parameter ist ein Array mit nur einem Wert, der das Fragezeichen in der vorbereiteten Anweisung auf der vorangehenden Zeile ersetzt.

❻ Der dritte Parameter ist eine anonyme Funktion, die aufgerufen wird, wenn die SQL-Abfrage erfolgreich abgeschlossen wird (diese werden wir uns gleich genauer ansehen).

Folgendes passiert in der anonymen Funktion, die als dritter Parameter übergeben wurde:

❼ Diese Zeile ruft die aktuelle Gesamtsumme aus der ersten Ergebniszeile ab. Da wir nur nach der Summe über eine Spalte fragen, liefert die Datenbank nur eine Zeile (d.h., diese Abfrage liefert immer genau eine Zeile). Erinnern Sie sich, dass man auf die Elemente der Datensätze der Ergebnismenge mit der item()-Methode der rows-Eigenschaft des result-Objekts zugreift und dass die Zählung der Zeilen mit 0 beginnt (die erste Zeile also die Zeile 0 ist).

❽ Prüft, ob die am aktuellen Tag aufgenommene Menge an Kalorien das Limit übersteigt, das auf der Seite Einstellungen eingegeben wurde. Ist das der Fall, wird der nachfolgende Block ausgeführt.

❾ Berechnet, wie weit der Nutzer das Kalorienlimit überstiegen hat.

❿ Baut eine Meldung auf, die dem Anwender angezeigt wird.

⓫ Das ist ein try/catch-Block, der versucht, die Methoden beep(1) und vibrate() des navigator.notification-Objekts aufzurufen. Diese Methoden gibt es nur in PhoneGap. Führt der Anwender die Anwendung in einem Browser aus, schlagen diese Aufrufe fehl und führen dazu, dass die Ausführung an den catch-Block übergeben wird. Da es kein browser-basiertes Gegenstück zu beep() oder vibrate() gibt, bleibt der catch-Block leer.

⓬ Das ist ein try/catch-Block, der versucht, die alert()-Methode des navigator.notification-Objekts aufzurufen. Diese Methode gibt es nur in PhoneGap. Führt der Anwender die App in einem Browser aus, schlagen diese Aufrufe fehl und führen dazu, dass die Ausführung an den catch-Block übergeben wird. Das browser-basierte Gegenstück zu alert() ist ein gewöhnliches JavaScript-alert(), das als Ausweichlösung aufgerufen wird.Es gibt einige Unterschiede zwischen der PhoneGap-Warnung und der nativen JavaScript-Warnung. Beispielsweise können Sie beim PhoneGap alert() den Titel und den Namen des Buttons steuern (siehe Abbildung 7-16), beim JavaScript alert() nicht (siehe Abbildung 7-17).Außerdem gibt es noch einen subtileren Unterschied zwischen den beiden Warnungen: Die native JavaScript-Warnung ist modal, die PhoneGap-Warnung nicht. Anders gesagt, die Ausführung des Skrips wird angehalten, wenn Sie die native alert()-Funktion aufrufen, während sie bei der PhoneGap-Version fortgesetzt wird. Bei einigen Anwendungen ist das wichtig, bei anderen nicht; Sie sollten sich diesen Unterschied deswegen einprägen.

⓭ Der vierte Parameter ist der Name des generischen SQL-Fehler-Handlers, der bei einem SQL-Fehler aufgerufen wird.

Nachdem wir die Funktion checkBudget() abgeschlossen haben, können wir sie jetzt aufrufen, indem wir dem Erfolgs-Callback der Funktion createEntry() eine einzige Zeile hinzufügen:

```
function createEntry() {
    var date = sessionStorage.currentDate;
    var calories = $('#calories').val();
    var food = $('#food').val();
```

```
    db.transaction(
        function(transaction) {
            transaction.executeSql(
                'INSERT INTO entries (date, calories, food) VALUES (?, ?, ?);',
                [date, calories, food],
                function(){
                    refreshEntries();
                    checkBudget();
                    jQT.goBack();
                },
                errorHandler
            );
        }
    );
    return false;
}
```

Nehmen Sie alle erforderlichen Änderungen vor, speichern Sie *kilo.js*, öffnen Sie ein Kommandozeilenfenster (siehe »Die Kommandozeile nutzen« auf Seite 114), und führen Sie die folgenden Befehle aus, um die App neu zu kompilieren und auf Ihrem Gerät zu installieren (ändern Sie -d in -e, wenn Sie lieber den Emulator nutzen wollen):

```
ant debug
adb -d install -r ~/Desktop/KiloGap/bin/Kilo-debug.apk
```

Abbildung 7-16: Bei der PhoneGap-Warnung können Sie den Titel und die Beschriftung des Buttons anpassen.

Abbildung 7-17: Bei einer nativen JavaScript-Warnung können Sie den Titel und die Button-Beschriftung nicht anpassen.

Geolocation

Bringen wir die *Kilo*-App dazu, den Ort zu speichern, wenn Einträge erstellt werden. Haben wir diese Informationen, werden wir einen Karte-Button hinzufügen, der die eingebaute Maps-Anwendung öffnet und in ihr eine Markierung an der Stelle anzeigt, an der der Eintrag erstellt wurde.

Der erste Schritt ist, dass wir der Datenbank Spalten für den Längen- und den Breitengrad hinzufügen, damit wir die entsprechenden Daten speichern können. Ersetzen Sie dazu die CREATE TABLE in *~/Desktop/KiloGap/assets/www/kilo.js* durch die folgende:

```
db.transaction(
    function(transaction) {
        transaction.executeSql(
            'CREATE TABLE IF NOT EXISTS entries ' +
            '   (id INTEGER NOT NULL PRIMARY KEY AUTOINCREMENT, ' +
            '    date DATE NOT NULL, food TEXT NOT NULL, ' +
            '    calories INTEGER NOT NULL, ' +
            '    longitude TEXT NOT NULL, latitude TEXT NOT NULL);'
        );
    }
);
```

Dann werden wir die in Kapitel 5 erstellte Funktion createEntry() so umschreiben, dass sie die Geolocation-Funktion des Geräts nutzt, um den aktuellen Breiten- und Längengrad zu bestimmen. Ersetzen Sie die createEntry()-Funktion in *kilo.js* durch folgenden Code:

```
function createEntry() {❶
    navigator.geolocation.getCurrentPosition(❷
        function(position){❸
            var latitude = position.coords.latitude;❹
            var longitude = position.coords.longitude;
            insertEntry(latitude, longitude);❺
        },
        function(){❻
            insertEntry();❼
        }
    );
    return false;❽
}
```

❶ Das ist der Anfang der Funktion createEntry().

❷ Ruft die Funktion getCurrentPosition() des geolocation-Objekts auf und übergibt ihr zwei Callback-Funktionen: eine für den Erfolgsfall, eine für den Fehlerfall.

❸ Das ist der Anfang des Erfolgs-Callbacks. Beachten Sie, dass es einen Parameter (d.h. position) erwartet.

❹ Diese beiden Zeilen rufen die Koordinaten latitude und longitude des position-Objekts ab.

❺ Übergibt die Koordinaten latitude und longitude an eine Funktion namens insert-Entry(), die wir uns gleich ansehen werden.

❻ Das ist der Anfang des Fehler-Callbacks.

❼ Da wir uns im Fehler-Callback befinden, wird dieser Code nur aufgerufen, wenn der Geolocation-Aufruf fehlschlägt (beispielsweise wenn der Anwender der App den Zugriff auf Geolocation verweigert, wenn er dazu aufgefordert wird). insertEntry() wird deswegen ohne Parameter aufgerufen.

❽ Liefert false, um das Standardnavigationsverhalten eines Klicks auf den ABSENDEN-Button eines Formulars zu unterbinden.

Sie fragen sich, wo die SQL-INSERT-Anweisung geblieben ist? Werfen wir einen Blick auf die Funktion insertEntry(). Diese neue Funktion erstellt den Eintrag in der Datenbank. Fügen Sie *kilo.js* Folgendes hinzu:

```
function insertEntry(latitude, longitude) {❶
    var date = sessionStorage.currentDate;❷
    var calories = $('#calories').val();❸
    var food = $('#food').val();❹
    db.transaction(❺
        function(transaction) {❻
            transaction.executeSql(❼
                'INSERT INTO entries (date, calories, food, latitude, longitude) ' +
```

```
              'VALUES (?, ?, ?, ?, ?);',❽
              [date, calories, food, latitude, longitude],❾
              function(){❿
                  refreshEntries();
                  checkBudget();
                  jQT.goBack();
              },
              errorHandler⓫
          );
      }
  );
}
```

❶ Das ist der Anfang von insertEntry() mit den Parametern latitude und longitude für die Geolocation-Koordinaten. In JavaScript gibt es keine Möglichkeit, Parameter explizit als optional zu definieren. Sie sind einfach undefiniert, wenn sie nicht übergeben werden.

❷ Liest currentDate aus sessionStorage. Erinnern Sie sich, dass dieser Wert gesetzt wird, wenn der Anwender auf der Seite TAGE auf einen Eintrag tippt, um die Seite TAG zu öffnen. Tippt er auf den +-Button, um die Seite NEUER EINTRAG zu öffnen, ist dieser Wert immer noch auf das aktuell in der Seite TAG geöffnete Element gesetzt.

❸ Ruft die Kalorien aus dem Formular createEntry ab.

❹ Ruft die Nahrung aus dem Formular createEntry ab.

❺ Öffnet eine Datenbanktransaktion.

❻ Übergibt der Transaktion eine Callback-Funktion mit dem Transaktionsobjekt als einzigem Parameter.

❼ Ruft die executeSql()-Methode des Transaktionsobjekts auf.

❽ Definiert die vorbereitete SQL-Anweisung mit Fragezeichen als Datenplatzhalter.

❾ Übergibt ein Array mit Werten für die Platzhalter. Wenn latitude und longitude nicht an die Funktion insertEntry() übergeben werden, sind die beiden Parameter undefined.

❿ Definiert die Callback-Funktion für den Erfolgsfall.

⓫ Definiert die Callback-Funktion für den Fehlerfall.

Damit wir sehen können, ob *Kilo* tatsächlich diese Ortswerte speichert, wollen wir sie irgendwo in der Schnittstelle anzeigen. Fügen wir dazu eine EINTRAG UNTERSUCHEN-Seite hinzu, um die gespeicherten Werte anzuzeigen. Wir werden der Seite einen KARTE-Button geben, der anzeigt, wo der Eintrag erstellt wurde. Fügen Sie *index.html* unmittelbar vor dem schließenden Body-Tag (</body>) folgenden Code hinzu:

```
<div id="inspectEntry">
    <div class="toolbar">
        <h1>Eintrag einfügen</h1>
        <a class="button cancel" href="#">Abbrechen</a>
    </div>
```

```
        <form method="post">
            <ul class="rounded">
                <li><input type="text" placeholder="Nahrung" name="food" value="" /></li>
                <li><input type="tel" placeholder="Kalorien"
                    name="calories" value="" /></li>❶
                <li><input type="submit" value="Änderungen speichern" /></li>
            </ul>
            <ul class="rounded">
                <li><input type="text" name="latitude" value="" /></li>❷
                <li><input type="text" name="longitude" value="" /></li>
                <li><p class="whiteButton" id="mapLocation">Karte</p></li>❸
            </ul>
        </form>
    </div>
```

Das hat große Ähnlichkeit mit der Seite NEUER EINTRAG, die uns das erste Mal in Beispiel 4-5 begegnete. Deswegen will ich nur einige Dinge hervorheben:

❶ Der Eingabetyp wurde auf tel gesetzt, um die Telefontastatur zu öffnen, wenn der Cursor in dieses Feld gesetzt wird. Das ist ein kleiner Hack, aber ich denke, dass sich das lohnt, da diese Tastatur für ein numerisches Datenfeld viel geeigneter ist.

❷ Die Felder für den Breitengrad und den Längengrad können bearbeitet und in das Formular eingeschlossen werden. Das heißt, dass der Benutzer sie bearbeiten kann. In der endgültigen Anwendung ist das wahrscheinlich wenig sinnvoll, es vereinfacht aber das Testen, da Sie die Werte manuell eingeben können, um den Button KARTE zu testen.

❸ Noch macht der Button Karte nichts, wenn er angeklickt wird. Wir werden ihm gleich einen Click-Handler hinzufügen.

Jetzt müssen wir dem Benutzer eine Möglichkeit geben, zur Seite EINTRAG UNTERSUCHEN zu gehen. Wir werden dafür das Verhalten der Seite TAG so ändern, dass von unten die Seite EINTRAG UNTERSUCHEN hereingleitet, wenn der Benutzer auf einen Eintrag in der Liste tippt.

Der erste Schritt ist, dass wir einen Click-Event-Handler anbinden (den wir als Nächstes erstellen werden) und ebenfalls ändern, wie Klicks auf den LÖSCHEN-Button verarbeitet werden. Fügen Sie die drei unten hervorgehobenen Änderungen in die Funktion re-freshEntries() in *kilo.js* ein:

```
function refreshEntries() {
    var currentDate = sessionStorage.currentDate;
    $('#date h1').text(currentDate);
    $('#date ul li:gt(0)').remove();
    db.transaction(
        function(transaction) {
            transaction.executeSql(
                'SELECT * FROM entries WHERE date = ? ORDER BY food;',
                [currentDate],
                function (transaction, result) {
                    for (var i=0; i < result.rows.length; i++) {
                        var row = result.rows.item(i);
                        var newEntryRow = $('#entryTemplate').clone();
                        newEntryRow.removeAttr('id');
```

```
                    newEntryRow.removeAttr('style');
                    newEntryRow.data('entryId', row.id);
                    newEntryRow.appendTo('#date ul');
                    newEntryRow.find('.label').text(row.food);
                    newEntryRow.find('.calories').text(row.calories);
                    newEntryRow.find('.delete').click(function(e){❶
                        var clickedEntry = $(this).parent();
                        var clickedEntryId = clickedEntry.data('entryId');
                        deleteEntryById(clickedEntryId);
                        clickedEntry.slideUp();
                        e.stopPropagation();❷
                    });
                    newEntryRow.click(entryClickHandler);❸
                }
            },
            errorHandler
        );
    }
    );
}
```

❶ Wir haben dem Funktionsaufruf den Parameter e (das Event) hinzugefügt, damit wir Zugriff auf die stopPropagation()-Methode des Events haben, die wir gleich nutzen werden. Würden wir den Parameter e nicht definieren, wäre e.stopPropagation() undefiniert.

❷ Das dem Click-Handler des Löschen-Buttons hinzugefügte e.stopPropagation(); sagt dem Browser, dass er das Click-Event nicht im DOM zum Elternelement aufsteigen lassen soll. Das ist wichtig, weil wir jetzt der Zeile selbst einen Click-Handler hinzugefügt haben (und die Eintragszeile das Elternelement des Löschen-Buttons ist). Würden wir stopPropagation() nicht aufrufen, würden sowohl der Handler auf dem Löschen-Button als auch der entryClickHandler angestoßen, wenn auf den Löschen-Button getippt wird.

❸ Das newEntryRow.click(entryClickHandler); sagt dem Browser, dass er die Funktion entryClickHandler aufrufen soll, wenn auf den Eintrag getippt wird.

Fügen wir *kilo.js* jetzt die Funktion entryClickHandler() hinzu:

```
function entryClickHandler(e){
    sessionStorage.entryId = $(this).data('entryId');❶
    db.transaction(❷
        function(transaction) {❸
            transaction.executeSql(❹
                'SELECT * FROM entries WHERE id = ?;', ❺
                [sessionStorage.entryId], ❻
                function (transaction, result) {❼
                    var row = result.rows.item(0);❽
                    var food = row.food;❾
                    var calories = row.calories;
                    var latitude = row.latitude;
                    var longitude = row.longitude;
                    $('#inspectEntry input[name="food"]').val(food);❿
                    $('#inspectEntry input[name="calories"]').val(calories);
```

```
$('#inspectEntry input[name="latitude"]').val(latitude);
$('#inspectEntry input[name="longitude"]').val(longitude);
$('#mapLocation').click(function(){❶
    window.location = 'http://maps.google.com/maps?z=15&q='+
        food+'@'+latitude+','+longitude;
});
jQT.goTo('#inspectEntry', 'slideup');❷
},
errorHandler❸
);
}
);
}
```

❶ Ruft die entryId des Eintrags ab, den der Anwender angetippt hat, und speichert sie im Session-Speicher.

❷ Öffnet eine Datenbanktransaktion.

❸ Übergibt eine Callback-Funktion an die Transaktion, mit dem Transaktionsobjekt als einzigem Parameter.

❹ Ruft die executeSql()-Methode des Transaktionsobjekts auf.

❺ Definiert eine vorbereitete SQL-Anweisung mit einem Fragezeichen als Platzhalter.

❻ Übergibt ein Array mit einem Element für den Platzhalter.

❼ Beginnt die Callback-Funktion für den Erfolgsfall.

❽ Ruft die erste (und einzige, da wir nur nach einem Eintrag suchen) Zeile des Ergebnisses ab.

❾ Setzt einige Variablen auf Grundlage von Werten aus der Zeile.

❿ Setzt die Werte der Formularfelder auf Basis der Variablen.

⓫ Bindet einen Click-Handler an den Button #mapLocation. Die Funktion setzt window.location auf eine Standard-Google-Maps-URL. Ist die Maps-Anwendung verfügbar, wird diese gestartet. Andernfalls wird die URL im Browser geladen. Der z-Wert setzt die anfängliche Zoomstufe; der String vor dem @-Symbol wird als Text für die Marke verwendet, die am Ort angezeigt wird. Breitengrad und Längengrad müssen in der hier gezeigten Reihenfolge angegeben und durch ein Komma getrennt werden.

⓬ Ruft die goTo()-Methode des jQTouch-Objekts auf, damit die Seite EINTRAG UNTERSUCHEN eingeblendet wird.

⓭ Definiert die Callback-Funktion für den Fehlerfall.

Öffnen Sie ein Kommandozeilenfenster, wechseln Sie mit cd in das *KiloGap*-Verzeichnis, und führen Sie die folgenden Anweisungen aus, um Ihre App neu zu kompilieren und auf dem Gerät zu installieren, damit Sie die neue Version testen können:

```
ant debug
adb -d install -r ~/Desktop/KiloGap/bin/Kilo-debug.apk
```

Beschleunigungssensor

Richten wir *Kilo* jetzt dafür ein, dass der letzte Eintrag in der Liste dupliziert wird, wenn das Gerät geschüttelt wird. Hängen Sie ans Ende von *kilo.js* die folgende Funktion an:

```
function dupeEntryById(entryId) {
    if (entryId == undefined) {❶
        alert('Die Liste muss mindestens einen Eintrag haben, wenn Sie ein Duplikat
        erschütteln wollen.');
    } else {
        db.transaction(❷
          function(transaction) {
            transaction.executeSql(
              'INSERT INTO entries (date, food, calories, latitude, longitude) ' + ❸
                'SELECT date, food, calories, latitude, longitude ' +
                'FROM entries WHERE id = ?;',
              [entryId], ❹
              function() {❺
                refreshEntries();
              },
              errorHandler❻
            );
          }
        );
    }
}
```

❶ Diese Zeile prüft, ob der Funktion eine entryId übergeben wurde. Ist das nicht der Fall, wird der Benutzer benachrichtigt.

❷ Beginnt die üblichen Schritte für eine Datenbanktransaktion.

❸ Definiert eine INSERT-Anweisung, die die Werte der angegebenen entryId kopiert. Das ist ein Abfragetyp, der Ihnen bislang noch nicht begegnet ist. Statt einer Liste von Werten nimmt dieses INSERT einfach die Werte aus den Ergebnissen einer SELECT-Abfrage für die angegebene entryId.

❹ Übergibt die entryId an die vorbereitete Anweisung und ersetzt das ? in der SELECT-Abfrage durch den Wert von entryId.

❺ Bei Erfolg wird die Funktion refreshEntries() aufgerufen, die die neu eingefügte Kopie anzeigt.

❻ Bei einem Fehler wird der Standard-Handler für SQL-Fehler aufgerufen.

Jetzt müssen wir der Anwendung sagen, wann sie den Beschleunigungssensor starten und anhalten soll. Wir werden ihn so einrichten, dass er gestartet wird, wenn die Seite Tag vollständig auf dem Bildschirm ist, und dass er angehalten wird, wenn sie beginnt, vom Bildschirm zu verschwinden. Dazu müssen wir nur der Document-Ready-Funktion in *kilo.js* die folgenden Zeilen hinzufügen:

```
$('#date').bind('pageAnimationEnd', function(e, info){❶
    if (info.direction == 'in') {❷
        startWatchingShake();
```

```
        }
    });
    $('#date').bind('pageAnimationStart', function(e, info){❸
        if (info.direction == 'out') {❹
            stopWatchingShake();
        }
    });
```

❶ Bindet einen anonymen Handler an das `pageAnimationEnd`-Event der Seite #date. Übergibt das Event und die zusätzlichen Daten als Parameter.

❷ Prüft, ob die `direction`-Eigenschaft des `info`-Objekts gleich in ist. Ist das der Fall, wird die Funktion `startWatchingShake()` aufgerufen, die wir uns gleich ansehen werden.

❸ Bindet einen anonymen Handler an das `pageAnimationBegin`-Event der #date-Seite. Übergibt das Event und die zusätzlichen Daten als Parameter.

❹ Prüft, ob die `direction`-Eigenschaft des `info`-Objekts gleich out ist. Ist das der Fall, wird die Funktion `stopWatchingShake()` aufgerufen, die wir uns gleich ansehen werden.

Eigentlich würde es auch reichen, wenn wir folgendermaßen nur an eines der Seitenanimations-Events einen Handler bänden:

```
$('#date').bind('pageAnimationEnd', function(e, info){
    if (info.direction == 'in') {
        startWatchingShake();
    } else {
        stopWatchingShake();
    }
});
```

Das habe ich nicht gemacht, weil `stopWatchingShake()` dann erst aufgerufen wird, wenn die Seitenanimation abgeschlossen ist. Der Beschleunigungssensor wäre dann während der Seitenanimation noch aktiv, was in manchen Fallen zu Rucklern in der Animation führen kann.

Jetzt müssen wir nur noch den Code für die Funktionen `startWatchingShake()` und `stopWatchingShake()` schreiben. Fügen Sie *kilo.js* die folgenden Funktionen hinzu:

```
function startWatchingShake() {❶
    var success = function(coords){❷
        var max = 2;❸
        if (Math.abs(coords.x) > max
            || Math.abs(coords.y) > max
            || Math.abs(coords.z) > max) {❹
            var entryId = $('#date ul li:last').data('entryId');❺
            dupeEntryById(entryId);❻
        }
    };
    var error = function(){};❼
    var options = {};❽
    options.frequency = 100;❾
    sessionStorage.watchId =
      navigator.accelerometer.watchAcceleration(success, error, options);❿
}
```

```
function stopWatchingShake() {⓫
    navigator.accelerometer.clearWatch(sessionStorage.watchId);⓬
}
```

❶ Beginnt die Funktion startWatchingShake(). Diese Funktion wird aufgerufen, wenn die Animation, mit der die Seite #date eingeblendet wird, abgeschlossen ist.

❷ Beginnt die Definition des Erfolgs-Handlers. Er erwartet ein coordinates-Objekt als Parameter.

❸ Definiert die Schwelle für das Schütteln. Je größer die Zahl ist, um so heftiger muss der Anwender schütteln.

❹ Prüft, ob die Koordinaten die Schwelle übersteigen.

❺ Ruft die entryId des letzten Eintrags auf der Seite #date ab.

❻ Ruft die Funktion dupeEntryById() auf.

❼ Definiert einen leeren Fehler-Handler.

❽ Definiert ein options-Objekt, das an die watchAcceleration()-Methode des accelerometer-Objekt übergeben wird.

❾ Setzt die frequency-Eigenschaft des Optionsobjekts auf die Verzögerung zwischen dem Empfang vom Beschleunigungssensor in Millisekunden.

❿ Ruft die watchAcceleration()-Methode des accelerometer-Objekts auf und übergibt dabei den Erfolgs-Handler, den Fehler-Handler und das Optionsobjekt als Parameter. Speichert das Ergebnis im Feld sessionStorage.watchId, das wir für die Funktion stopWatchingShake() benötigen.

⓫ Beginnt die Funktion stopWatchingShake(). Diese Funktion wird aufgerufen, wenn die Animation gestartet wird, mit der die Seite #date den Bildschirm verlässt.

⓬ Ruft die clearWatch()-Methode des accelerometer-Objekts auf und übergibt watchId aus dem Session-Speicher.

Was Sie gelernt haben

In diesem Kapitel haben Sie gelernt, wie Sie Ihre Web-App in PhoneGap laden, auf dem Gerät installieren und auf fünf Gerätefunktionen zugreifen, die in browser-basierten Web-Apps nicht verfügbar sind (Alarmton, Warnungsmeldung, Vibration, Geolocation und Beschleunigungssensor).

Im nächsten Kapitel werden Sie erfahren, wie Sie Ihre App als Programm verpacken und auf dem Android Market einreichen.

KAPITEL 8

Die App auf dem Android Market einreichen

Endlich ist er da, der Moment, auf den Sie gewartet haben: der Zeitpunkt, an dem Sie Ihre fertige App auf dem Android Market einreichen. Der Vorgang ist eigentlich recht einfach: Sie bereiten eine Release-Version der App vor und laden sie hoch.

Die Release-Version der App vorbereiten

Sie müssen ein paar Dinge tun, um die App für die Verbreitung vorzubereiten:

- eventuellen Debugging- und Logging-Code entfernen
- der App eine Versionsnummer geben
- die App kompilieren
- die App mit einem privaten Schlüssel signieren

Debugging-Code entfernen

Es gibt keinen Grund, die App von Debugging- oder Logging-Code ausbremsen zu lassen, während sie auf dem Gerät eines Anwenders läuft. Wenn Ihre HTML-, CSS- oder JavaScript-Dateien derartigen Code enthalten (siehe), ist es jetzt an der Zeit, diesen zu entfernen.

Sie sollten auch Ihre *AndroidManifest.xml*-Datei im *KiloGap*-Ordner öffnen, nach »debuggable« suchen und es auf false setzen. Wenn Sie das getan haben, sollte diese Datei ungefähr so aussehen:

```
...
<application
    android:icon="@drawable/icon"
    android:label="@string/app_name"
  android:debuggable="false">
...
```

 Wo Sie die Manifest-Datei gerade geöffnet haben, können Sie auch gleich prüfen, ob `android:icon` und `android:label` wie im Codeauszug oben angegeben sind. PhoneGap kümmert sich normalerweise für Sie darum, aber Sie sollten das dennoch überprüfen, weil Sie Ihre App nicht hochladen können, wenn diese Werte nicht gesetzt sind.

Die App versionieren

Oben in der Datei *AndroidManifest.xml* sollten Sie den Versionsnamen und den Versionscode für Ihre App sehen:

```
...
<manifest
    xmlns:android="http://schemas.android.com/apk/res/android"
    package="com.jonathanstark.kilo"
    android:versionName="1.0.0"
    android:versionCode="1">
...
```

Da das vermutlich Ihre erste App ist, sind diese Werte so wahrscheinlich in Ordnung. Haben Sie Ihre App veröffentlicht und wollen Sie später ein Update veröffentlichen, passen Sie diese Werte entsprechend an. Das Android-System prüft oder erzwingt diese Versionsinformationen nicht, aber sie sind ein entscheidender Bestandteil einer langfristigen App-Strategie.

Der Versionsname ist der Wert, der dem Benutzer angezeigt wird. Es ist ein Textwert, Sie können hier also angeben, was Sie wollen, aber üblicherweise nutzt man das `<Major>.<Minor>.<Point>`-Format (z.B. 1.0.0).

Der Versionscode soll eine positive Ganzzahl sein. Er muss dem Versionsnamen in keiner Weise entsprechen. Wahrscheinlich wird das nie der Fall sein – da Sie ihn einfach um 1 erhöhen sollten, wenn Sie ein Update veröffentlichen, ganz gleich, ob es sich um eine wichtigere Verbesserung oder um einen kleineren Bugfix handelt.

Die App signieren

Android verlangt, dass alle Apps vom Entwickler digital signiert werden. Das Verfahren dazu ist einfach, aber etwas kryptisch:

1. Öffnen Sie ein Kommandozeilenfenster, und wechseln Sie ins *KiloGap*-Verzeichnis:

       cd ~/Desktop/KiloGap

2. Kompilieren Sie die App im Release-Modus:

       ant release

   Es schwappt ein Strom von Ausgaben über den Bildschirm, die von BUILD SUCCESSFUL abgeschlossen werden. Anschließend befindet sich im Verzeichnis *~/Desktop/KiloGap/bin/* ein unsigniertes Paket namens *Kilo-unsigned.apk* (siehe Abbildung 8-1).

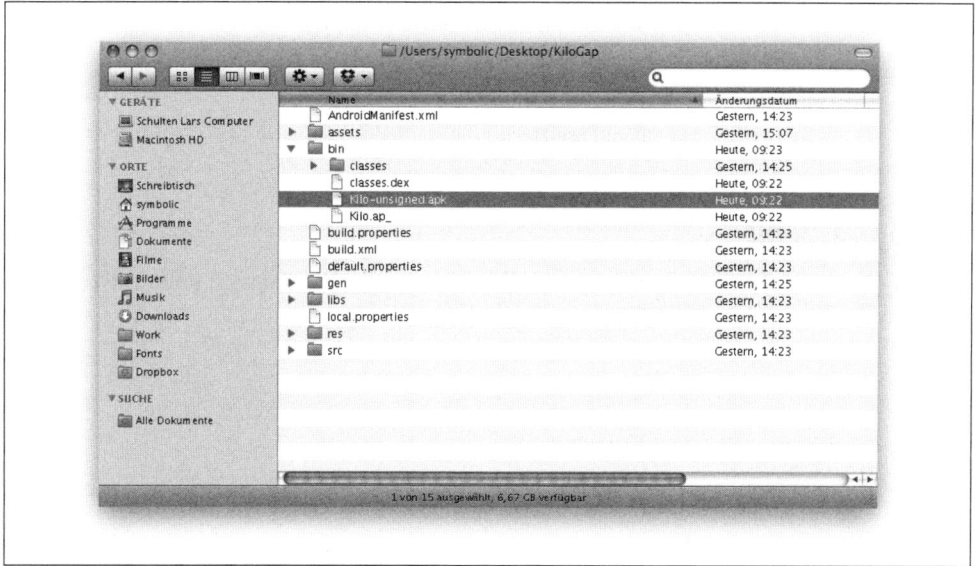

Abbildung 8-1: Der Befehl »ant release« erstellt ein unsigniertes Paket namens »Kilo-unsigned.apk« im Verzeichnis »~/Desktop/KiloGap/bin/«.

3. Erstellen Sie einen privaten Schlüssel:

```
12
keytool -genkey -v -keystore keystore -alias alias -keyalg RSA -validity days
```

Dieser Befehl ist interaktiv und stellt Ihnen einen Haufen Fragen. Bei mir sieht das so aus:

```
JSC-MBP:KiloGap jstark$ keytool -genkey -v -keystore myAndroidKey.keystore \
                       -alias myAndroidKeyAlias -keyalg RSA -validity 10000
Enter keystore password:
Re-enter new password:
What is your first and last name?
  [Unknown]:  Jonathan Stark
What is the name of your organizational unit?
  [Unknown]:
What is the name of your organization?
  [Unknown]:  Jonathan Stark Consulting
What is the name of your City or Locality?
  [Unknown]:  Providence
What is the name of your State or Province?
  [Unknown]:  RI
What is the two-letter country code for this unit?
  [Unknown]:  US
Is CN=Jonathan Stark, OU=Unknown, O=Jonathan Stark Consulting, L=Providence,
ST=RI, C=US correct?
  [no]:  yes

Generating 1,024 bit RSA key pair and self-signed certificate (SHA1withRSA) with
a validity of 10,000 days for: CN=Jonathan Stark, OU=Unknown, O=Jonathan Stark
Consulting, L=Providence, ST=RI, C=US
```

```
Enter key password for <myAndroidKeyAlias>
    (RETURN if same as keystore password):
[Storing myAndroidKey.keystore]
```

Ist der Vorgang abgeschlossen, sollten Sie die Datei *myAndroidKey.keystore* im Verzeichnis *~/Desktop/KiloGap* sehen (siehe Abbildung 8-2). Wenn Sie diesen Keystore bei zukünftigen Apps wiederverwenden wollen, sollten Sie die Keystore-Datei an einen zentraleren Ort verschieben.

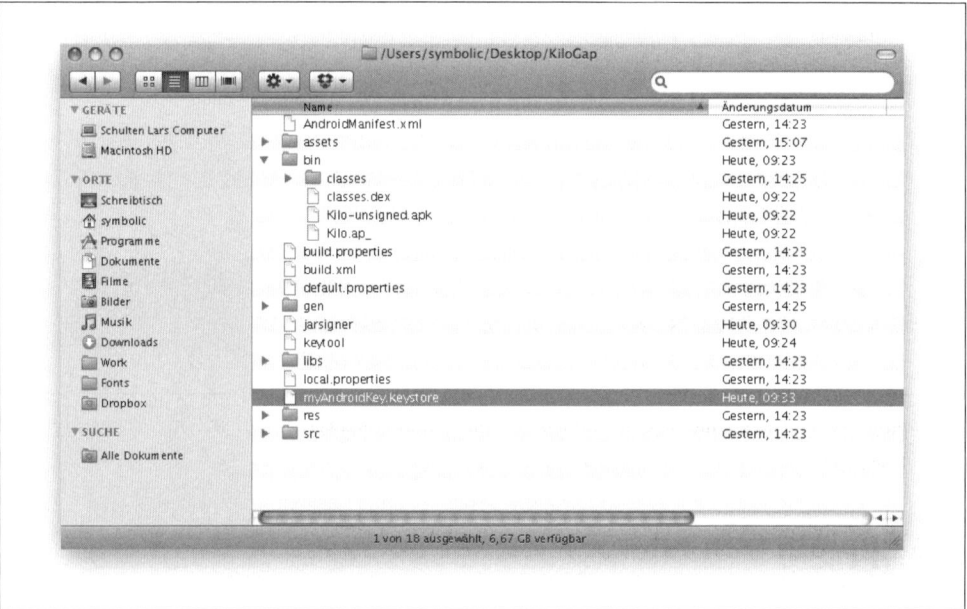

Abbildung 8-2: Der Befehl »keytool« generiert eine Keystore-Datei namens »myAndroidKey.keystore« im Verzeichnis »KiloGap«.

 Verbummeln Sie dieses Passwort nicht. Wenn Sie Ihr Keystore-Passwort vergessen, können Sie Ihre App nach der Veröffentlichung nicht mehr aktualisieren.

4. Signieren Sie die App mit dem gerade erstellten Schlüssel:

```
jarsigner -verbose -keystore myAndroidKey.keystore
    ./bin/Kilo-unsigned.apk myAndroidKeyAlias
```

Wenn Sie diesen Befehl ausführen, werden Sie um Ihr Keystore-Passwort gebeten.

5. GlättenSie die *.apk*-Datei mit *zipalign*:

```
zipalign -v 4 ./bin/Kilo-unsigned.apk ./bin/Kilo.apk
```

Es strömen einige Ausgaben über den Bildschirm, die mit »Verification successful« abgeschlossen werden. Jetzt befindet sich das signierte Paket namens *Kilo.apk* im Verzeichnis *~/Desktop/KiloGap/bin/* (siehe Abbildung 8-3). Diese *.apk*-Datei ist Ihre fertige App!

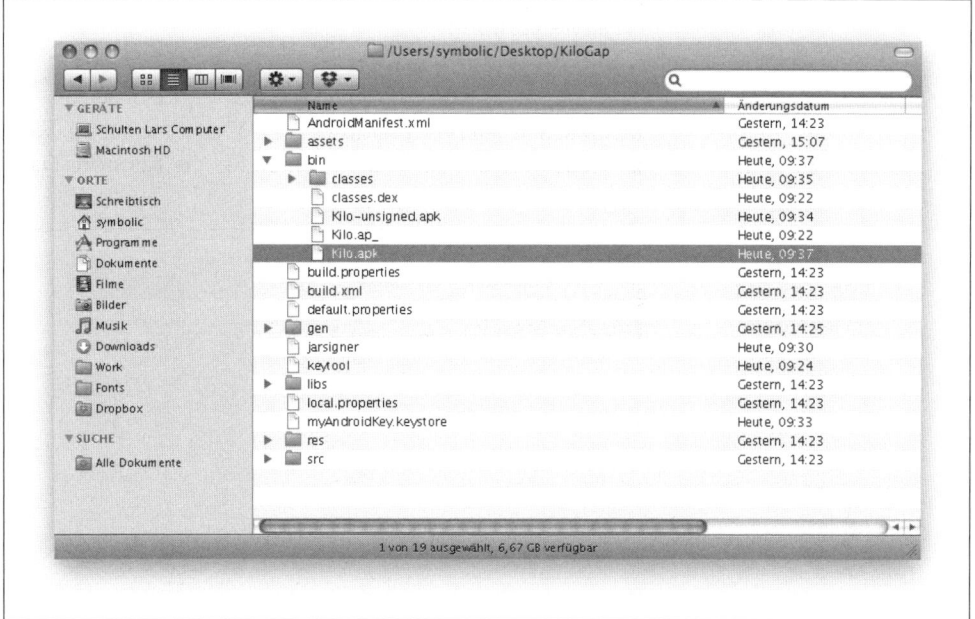

Abbildung 8-3: Haben Sie die Befehle »jarsigner« und »zipalign« ausgeführt, wird Ihre fertige App im Verzeichnis »~/Desktop/KiloGap/bin/« generiert.

Die App auf den Android Market hochladen

Jetzt muss das signierte Paket nur noch auf den Android Market hochgeladen werden.

Sie müssen ein registrierter Android Developer sein, wenn Sie Ihre App hochladen wollen. Wenn Sie noch nicht registriert sind, können Sie das unter *http://market.android.com/publish/signup* tun. Das ist ein einfacher und unkomplizierter Vorgang – geben Sie ein paar Profilinformationen ein (Name, E-Mail-Adresse, Telefonnummer etc.), bezahlen Sie die Registrierungsgebühr von 25 $ (mit Google Checkout), und stimmen Sie dem *Android Market Developer Distribution Agreement* zu.

1. Starten Sie Ihren Webbrowser, gehen Sie zu *http://market.android.com/publish/*, und melden Sie sich mit Ihrem Google-Konto an.

2. Wenn Sie nach dem Einloggen nicht automatisch weitergeleitet werden, gehen Sie zu *http://market.android.com/publish/Home*, und klicken Sie auf den Button UPLOAD APPLICATION (siehe Abbildung 8-4).

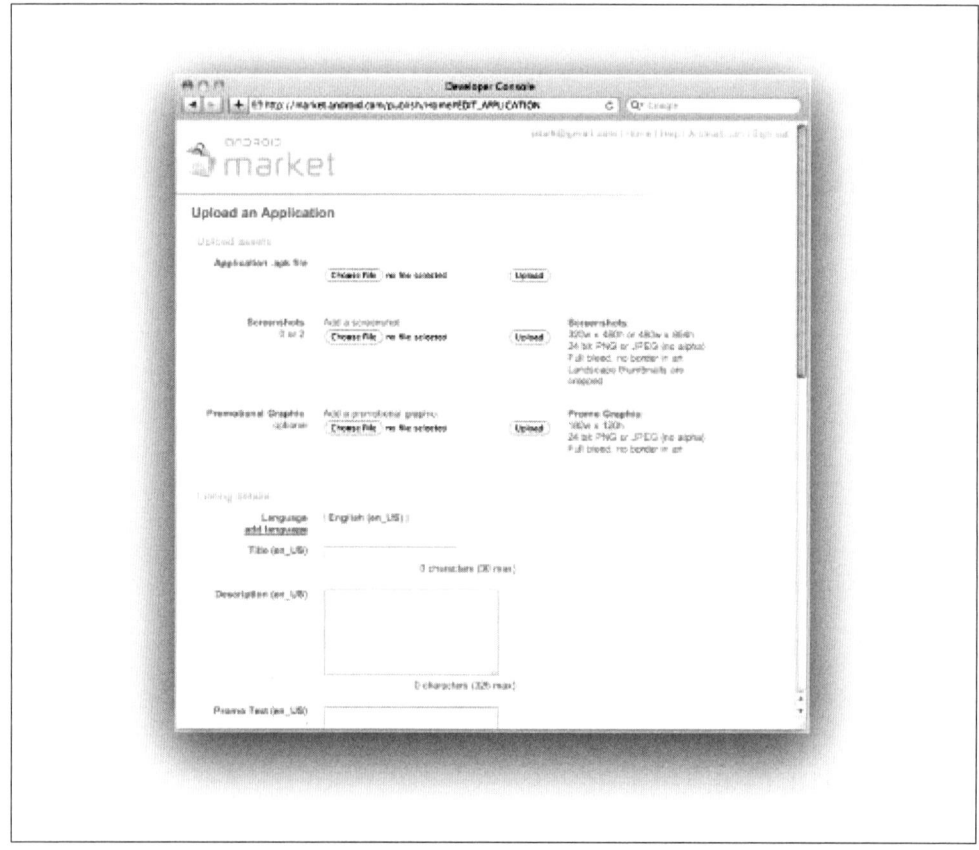

Abbildung 8-4: Gehen Sie zur Android Market-Upload-Seite, um Ihre App einzureichen.

3. Klicken Sie auf den CHOOSE FILE-Button neben »Application .apk-Datei«, um *Kilo.apk* auf Ihrer Festplatte zu suchen, und klicken Sie dann auf den Button UPLOAD.

4. Sie haben optional die Möglichkeit, einige Screenshots hochzuladen, die auf der Market-Seite für Ihre App angezeigt werden.

5. Geben Sie den Titel für Ihre App im Abschnitt LISTING DETAILS ein (maximal 30 Zeichen).

6. Geben Sie eine Beschreibung für Ihre App ein (maximal 325 Zeichen).

7. Wählen Sie einen Typ und eine Kategorie für Ihre App.

8. Legen Sie einen Preis für Ihre App fest.

9. Geben Sie im Abschnitt PUBLISHING OPTIONS die Einstellungen für Kopierschutz und Ort ein.

10. Geben Sie die Adresse Ihrer Website, Ihre E-Mail-Adresse und Ihre Telefonnummer im Abschnitt Contact Information ein.

11. Stimmen Sie im Abschnitt CONSENT den Bedingungen zu.

12. Klicken Sie auf den Button PUBLISH.

Glückwunsch! Ihre App wird beinahe sofort im Android Market verfügbar sein.

Apps direkt verteilen

Eine sehr interessante Eigenschaft der Android-Plattform ist, dass sie Entwicklern gestattet, den Android Market zu übergehen und Apps direkt an Anwender zu verteilen. In vielen Fällen ist das eine wunderbare Option. Beispielsweise könnte die IT-Abteilung eines Unternehmens den Angestellten auf diese Weise eine private App zur Verfügung stellen. Oder vielleicht möchten Sie eine private Beta Ihrer App ausgeben, bevor Sie sie auf dem Android Market verteilen.

Was auch immer Ihr Grund dafür sein könnte, die unmittelbare Verteilung könnte einfacher nicht sein: Laden Sie Ihr signiertes *.apk*-Paket auf Ihren Webserver hoch, und schicken Sie Ihren Anwendern einen Link darauf. Der Anwender klickt auf den Link – z.B. in einer E-Mail oder auf einer Website –, und die App wird heruntergeladen und installiert. Simpel.

 Sie können auch QR-Codes einsetzen, um Links auf Ihre App zu verteilen. Ein QR-Code ist ein zweidimensionaler Strichcode, der bis zu 4.296 alphanumerische Zeichen mit beliebigem Text speichern kann und der von der Kamera des Android-Geräts gelesen werden kann. Stößt der Anwender auf Ihren QR-Code, kann er ihn mit Google Goggles (oder einer andern QR-Code-Reader-App) fotografieren und erhält so einen Link auf Ihre App. Mehr darüber erfahren Sie auf der Google Chart Tools-Seite zu QR-Codes (*http://code.google.com/apis/chart/docs/gallery/qr_codes.html*). Eigene QR-Codes können Sie kostenlos mit Googles Live Chart Playground (*http://code.google.com/apis/chart/docs/chart_playground.html*) erstellen.

Das einzige Problem ist, dass der Anwender zuvor die Installation von Nicht-Market-Apps gestatten muss, indem er zu EINSTELLUNGEN→ANWENDUNGEN geht und die Option UNBEKANNTE QUELLEN aktiviert (siehe Abbildung 8-5). Hat der Anwender Downloads von unbekannten Quellen noch nicht aktiviert, kann er die App zwar herunterladen, wird aber dann benachrichtigt, dass die Installation blockiert ist (siehe Abbildung 8-6). Der Warndialog bietet ihm die Möglichkeit, sofort zur entsprechenden Einstellung zu navigieren oder die Installation abzubrechen. Aktiviert der Benutzer die Checkbox, sieht er einen Bestätigungsdialog, der ihn auf die möglichen Folgen seiner Wahl hinweist (siehe Abbildung 8-7).

Abbildung 8-5: Anwender können den Download von anderen Quellen als dem Android Market zulassen.

Weitere Lektüre

Wenn Sie sich gründlicher mit den Mechanismen des Android SDKs befassen wollen, ist die exzellente Online-Dokumentation unter *http://developer.android.com/* der beste Ausgangspunkt. Hier sind einige weitere Ressourcen, die ich nützlich finde und häufig nutze:

* Android Discuss-Mailing-Liste (*http://groups.google.com/group/android-discuss*)
* Android Developers-Mailing-Liste (*http://groups.google.com/group/android-developers*)
* jQTouch-Mailing-Liste (*http://groups.google.com/group/jqtouch*)
* PhoneGap-Mailing-Liste (*http://groups.google.com/group/phonegap*)

Abbildung 8-6: Versucht der Anwender, eine App von einer unbekannten Quelle zu installieren, ohne zuvor die entsprechende Einstellung zu ändern, wird er aufgefordert, die Einstellung zu ändern oder die Installation abzubrechen.

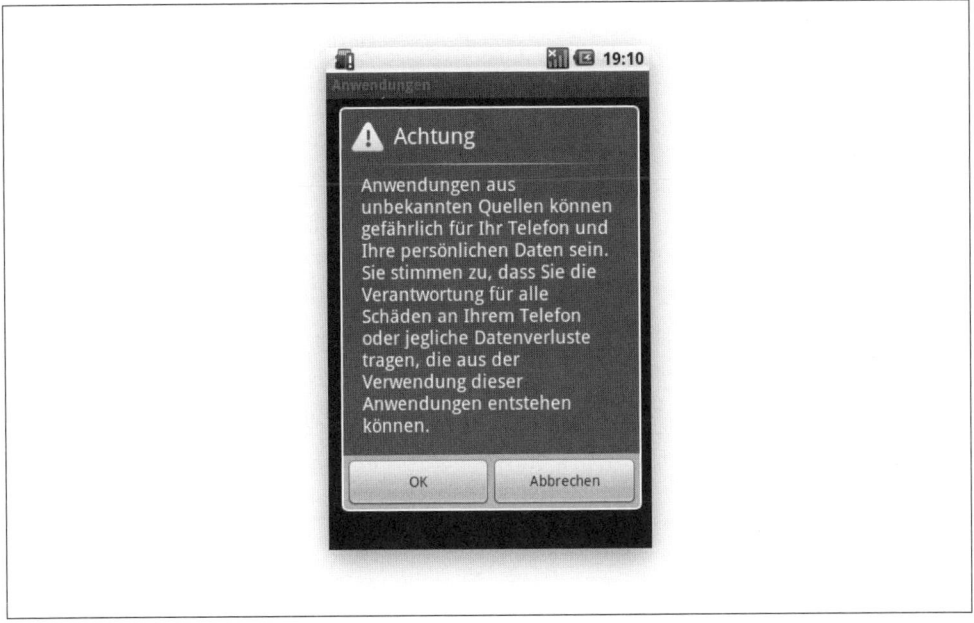

Abbildung 8-7: Aktiviert der Anwender die Option »Unknown Sources«, wird ihm ein Bestätigungsdialog präsentiert, der ihn vor den Folgen warnt.

- Android-Referenz für WebView (*http://developer.android.com/reference/android/webkit/WebView.html*)

- Android-Referenz zu WebChromeClient (*http://developer.android.com/reference/android/webkit/WebChromeClient.html*)

- Android-Referenz zu WebViewClient (*http://developer.android.com/reference/android/webkit/WebViewClient.html*)

- Android-Referenz zu WebSettings (*http://developer.android.com/reference/android/webkit/WebSettings.html*)

 Die Android-Referenzen in der Liste oben sind nur interessant, wenn Sie sich mit dem PhoneGap-Quellcode befassen oder gar einen eigenen nativen HTML-App-Wrapper schreiben wollen. *WebView* ist die wichtigste Klasse und wird genutzt, um HTML anzuzeigen; standardmäßig bietet sie keine Unterstützung für JavaScript, Browser-Widgets (d.h. Adressleiste, ZURÜCK/VOR-Buttons) oder Fehlerbehandlung.

Die drei anderen Klassen erweitern *WebView* auf unterschiedliche Weise. *WebChromeClient* ergänzt Unterstützung für JavaScript-Dialoge, Favicons, Titel und Fortschrittsindikatoren. *WebViewClient* ergänzt Unterstützung für einige nützliche Event-Listener wie onFormResubmission(), onPageStarted() und onPageFinished(). Und *WebSettings* gibt Ihnen Zugriff auf WebView-Einstellungen mit Methoden wie getDatabaseEnabled() und setUserAgentString().

Noch einmal: Über diese Dinge müssen Sie sich keine Gedanken machen, es sei denn, Sie möchten sich dem Java hinter den Kulissen zuwenden.

Legen Sie jetzt los, und schaffen Sie einige wunderbare Android-Apps!

Browsererkennung mit WURFL

WURFL (*Wireless Universal Resource File*) ist eine XML-Datei, die Daten enthält, die erforderlich sind, um eine große Bandbreite an Mobilgeräten zu erkennen. Für sich allein tut diese Datei nichts. Aber wenn Sie eine der vielen verfügbaren Bibliotheken für das Format nutzen, können Sie Web-Apps erstellen, die erkennen können, was für ein Gerät sich mit Ihrer App verbunden hat.

Beispielsweise können Sie mit *wurfl-php* (*http://sourceforge.net/projects/wurfl/files/WURFL%20PHP/*) in einem PHP-Skript erkennen, unter welchem Betriebssystem ein entferntes Gerät läuft.

 Wenn Sie WURFL und wurfl-php nutzen wollen, muss Ihre Web-App auf einem Host laufen, der PHP unterstützt. Außerdem müssen Sie wissen, wie man Dateien und PHP-Bibliotheken auf Ihrem Server installiert. In diesem Anhang werde ich Ihnen zeigen, wie man das mit der Unix- oder Mac OS X-Kommandozeile tut. Wenn Sie mit beidem nicht vertraut sind, aber hinreichend Erfahrung mit PHP haben, setzen Sie sich mit dem Support Ihres Providers in Verbindung, und fragen Sie, ob er bereit wäre, WURFL und *wurfl-php* auf dem Server zu installieren, den Sie nutzen. Wenn Sie einen Shared Server nutzen, böte es Ihrem Hosting-Provider einen Wettbewerbsvorteil, wenn er diese Funktion allen Kunden zur Verfügung stellt.

Installation

Laden Sie zunächst *wurfl-php* herunter, und entpacken Sie das Paket auf Ihrem Server (üblicherweise ist es nicht ratsam, Bibliotheken im öffentlichen Webordner abzulegen, deswegen stecke ich sie in das *src*-Verzeichnis meines Benutzerverzeichnisses). Ersetzen Sie ~/src durch den Ort, an dem Sie das Paket installieren wollen, und wurfl-php-1.1.tar.gz durch den Namen der Datei, die Sie tatsächlich heruntergeladen haben:

```
$ mkdir ~/src
$ cd ~/src
$ tar xvfz ~/Downloads/wurfl-php-1.1.tar.gz
```

Laden Sie anschließend die neueste WURFL-Datei (*http://sourceforge.net/projects/wurfl/files/WURFL/*) herunter, kopieren Sie sie in das Verzeichnis *wurfl-php*, und entpacken Sie

sie (in der wurfl-php-Dokumentation finden Sie Hinweise darauf, wie Sie die Datei in komprimierter Form nutzen können). Ersetzen Sie *~/src/wurfl-php-1.1/* durch den vollständigen Pfad des Verzeichnisses, das im letzten Schritt erstellt wurde, als Sie das *wurfl-php*-Paket entpackt haben, und ersetzen Sie *~/Downloads/wurfl-latest.xml.gz* durch den Pfad zum WURFL-Paket, das Sie heruntergeladen haben:

```
$ cd ~/src/wurfl-php-1.1/
$ cp ~/Downloads/wurfl-latest.xml.gz .
$ gunzip wurfl-latest.xml.gz
```

Laden Sie zum Abschluss den *Desktop Web Browser*-Patch herunter, damit WURFL keine Fehler erzeugt, wenn jemand Ihre Seite mit einem Desktop-Browser besucht:

```
$ curl -O http://wurfl.sourceforge.net/web_browsers_patch.xml
```

Konfiguration

Erstellen Sie die folgende *wurfl-config*-Datei (*wurfl-config.xml*) in *~/src/wurfl-php-1.1/* (oder in dem Verzeichnis, das Sie erstellt haben, als Sie *wurfl-php* entpackt haben):

```
<?xml version="1.0" encoding="UTF-8"?>
<wurfl-config>
  <wurfl>
    <main-file>wurfl-latest.xml</main-file>
      <patches>
        <patch>web_browsers_patch.xml</patch>
      </patches>
  </wurfl>
  <persistence>
    <provider>file</provider>
      <params>dir=./cache</params>
  </persistence>
</wurfl-config>
```

Erstellen Sie ein Cache-Verzeichnis, und stellen Sie sicher, dass es für das Konto schreibbar ist, unter dem Ihre PHP-Skripten laufen. Wenn Ihr Webserver so konfiguriert ist, dass Ihre PHP-Skripten unter Ihren Benutzerberechtigungen laufen, sollte dieser Schritt nicht erforderlich sein. Ersetzen Sie wie bei den vorangegangenen Beispielen *~/src/wurfl-php-1.1/* durch den Ort, den Sie zuvor erstellt haben. Ersetzen Sie *_www* durch das Benutzerkonto, unter dem Ihre PHP-Skripten laufen (Sie benötigen Superuser-Berechtigung, um diesen Befehl auszuführen):

```
$ mkdir ~/src/wurfl-php-1.1/cache
$ sudo chown _www ~/src/wurfl-php-1.1/cache
```

 Sollten Sie Zweifel oder Probleme haben, setzen Sie sich mit dem technischen Support Ihres Hosting-Providers in Verbindung und erklären Sie, dass das Cache-Verzeichnis für Ihre PHP-Skripten schreibbar sein soll.

wurfl-php testen

Erstellen Sie dann in Ihrem Webverzeichnis (z.B. *Websites* oder *public_html*) die folgende PHP-Datei (nennen Sie sie beispielsweise *wurfl-test.php*). Beim ersten Besuch, den Sie dieser Seite mit Ihrem Android-Gerät (oder einem anderen Browser) abstatten, wird es längere Zeit dauern, weil der anfängliche Cache aufgebaut wird. Danach sollte das Skript zügig ablaufen. Abbildung A-1 zeigt, wie das in Ihrem Browser aussehen sollte. Jetzt können Sie diesen PHP-Code Ihren Bedürfnissen gemäß anpassen:

```
<html>
<head>
    <meta name="viewport" content="user-scalable=no, width=device-width" />
    <title>WURFL Test</title>
<?php

    define("WURFL_DIR", "/Users/bjepson/src/wurfl-php-1.1/WURFL/");
    define("RESOURCES_DIR", "/Users/bjepson/src/wurfl-php-1.1/");

    require_once WURFL_DIR . 'Application.php';

    $wurflConfigFile = RESOURCES_DIR . 'wurfl-config.xml';
    $wurflConfig = new WURFL_Configuration_XmlConfig($wurflConfigFile);
    $wurflManagerFactory = new WURFL_WURFLManagerFactory($wurflConfig);

    $wurflManager = $wurflManagerFactory->create();
    $wurflInfo = $wurflManager->getWURFLInfo();

    $requestingDevice = $wurflManager->getDeviceForHttpRequest($_SERVER);
    $is_android = FALSE;
    if ($requestingDevice->getCapability("device_os") == "Android") {
        $is_android = TRUE;
    }
?>
</head>
<body>
    <?php
      if ($is_android) {
        echo "Aha, ein Android-Gerät.";
      }
    ?>
    <ul>
      <?php
        foreach ($requestingDevice->getAllCapabilities() as $key => $value) {
        echo "<li>$key = $value";
        }
      ?>
    </ul>
</body>
</html>
```

 Ich konnte ~ nicht nutzen, musste also den vollständigen Pfad zum WURFL-Kram angeben; ersetzen Sie */Users/NAME/src/wurfl-php-1.1/* durch den vollständigen Pfad zum zuvor erstellten *wurfl-php*-Verzeichnis.

Abbildung A-1: Ausgabe des »wurfl-php«-Beispielskripts

Index

Über den Autor

Jonathan Stark ist ein renommierter Berater für die Entwicklung von Web- und mobilen Anwendungen. Das *Wall Street Journal* bezeichnete ihn als Experten auf dem Gebiet der Aufbereitung von allen möglichen Daten für das Web. Er hat schon zwei Bücher über Webentwicklung geschrieben, ist technischer Redakteur für php|architect und Advisor.com und wird in den Medien immer wieder gern zu Web- und Lifestylefragen zitiert.

Über den Übersetzer

Lars Schulten ist freier Übersetzer für IT-Fachliteratur und hat für den O'Reilly Verlag schon unzählige Bücher zu ungefähr allem übersetzt, was man mit Computern so anstellen kann. Eigentlich hat er mal Philosophie studiert, aber mit Computern schlägt er sich schon seit den Zeiten herum, da Windows laufen lernte. Die Liste der Dinge, mit denen er sich beschäftigt, ist ungefähr so lang, launenhaft und heterogen wie die seiner Lieblingsessen und Lieblingsbücher.

Kolophon

Das Tier auf der Titelseite von *Android Apps mit HTML, CSS und JavaScript* ist ein Hammerhuhn (*Macrocephalon maleo*), eine bedrohte Vogelart, deren Populationsstärke aktuell zwischen 5000 und 10.000 Tieren liegt und die nur auf den indonesischen Inseln Sulawesi und Buton anzutreffen ist. Dieser markante, seltene Vogel ist ungefähr so groß wie ein ausgewachsenes Haushuhn. Er hat weiße und hellrosa Bauch- und Brustfedern, die sich deutlich von den schwarzen Federn des Rückens und der Flügel abheben. Der wissenschaftliche Name des Hammerhuhns weist darauf hin, dass die Tiere kräftige Beine und große Köpfe haben. Ihre geneigte Stirn wird häufig als »helmförmig« bezeichnet.

Das vielleicht erstaunlichste Kennzeichen dieses monogamen Vogels ist sein Brutverhalten. Anders als die meisten Vögel, die ihre Eier selbst bebrüten, legt das Hammerhuhn seine Eier in ein Loch im Sand, wo sie durch die Sonne, geothermale Energie oder beides ausgebrütet werden. Hammerhühner brüten gemeinsam – wahrscheinlich als Schutzmaßnahme vor Eierräubern. Wenn das Hammerhuhnküken schlüpft und nach zwei bis drei Monaten Brutdauer das Sandloch verlässt, ist es eigenständig und bereits flugfähig. Es eilt selbstständig in den Wald, um sich vor Räubern zu verbergen und auf Nahrungssuche zu gehen.

Die Eier des Hammerhuhns sind rund fünfmal so groß wie Hühnereier und deswegen ein beliebter Bestandteil der lokalen Speisekarte. 2009 erwarb die amerikanische *Wildlife Conservation Society* eine 36 Hektar große Fläche der Küste von Sulawesi (die rund 40 Nester beherbergt), um die Bekanntheit der kontinuierlich schrumpfenden Art zu steigern und die Vögel vor menschlichen Eiersammlern zu schützen.

Das Titelbild stammt aus *Cassells Natural History*. Die Schrift auf der Titelseite ist Adobe ITC Garamond. Die Textschrift ist Linotype Birka; die Überschriftenschrift ist Adobe Myriad Condensed; und die Codeschrift ist LucasFonts TheSansMonoCondensed.

Webdesign

Webdesign von Kopf bis Fuß

Ethan Watrall & Jeff Siarto
496 Seiten, komplett in Farbe,
2009, 44,90 €
ISBN 978-3-89721-906-9

Webdesign von Kopf bis Fuß ist ein Buch
für alle, die Kenntnisse in (X)HTML und
CSS mitbringen und nun am Gesamt-
eindruck ihrer Website feilen wollen. Nach
und nach lernen Sie die Prinzipien pro-
fessionellen Designs kennen und bekommen einen geschärften Blick
dafür, was standardkonforme, nutzerfreundliche Websites von anderen
abhebt. Auch die technische Umsetzung wird wie immer bei Büchern
dieser Reihe mit viel Kreativität und Humor behandelt.

HTML mit CSS & XHTML von Kopf bis Fuß

Elisabeth Freeman & Eric Freeman
692 Seiten, 2006, 44,90 €
ISBN 978-3-89721-453-8

Sie wollen die Web-Grundtechnologien
HTML und CSS erlernen, fürchten aber
nüchtern-technische Lehrbücher? Dann
ist *HTML mit CSS und XHTML von Kopf
bis Fuß* genau das Richtige für Sie! Statt
langweiliger Vorträge finden Sie hier viele
visuelle Überraschungen, witzige Comics, geistreiche Dialoge und
unterhaltsame Beispiele. Und trotzdem vermittelt das Buch das technische Know-how, das man braucht, wenn man im Web-Umfeld arbeitet oder arbeiten möchte. Angefangen bei den Grundkenntnissen in
HTML, XHTML und CSS über notwendige Infos zu Zeichensätzen und
Farben bis hin zur Einhaltung der Webstandards werden alle wichtigen
Themen behandelt – worauf warten Sie also noch?

JavaScript: Missing Manual

David Sawyer McFarland
576 Seiten, 2008, 39,90 €
ISBN 978-3-89721-879-6

Die Zeiten, als Websites allein aus Texten und
Bildern bestanden, sind längst vorbei. Nutzer
von Webangeboten erwarten inzwischen
nutzerfreundliche Formulare, eine elegante
Navigation, Bookmark-fähige Stadtpläne oder
interaktive Fotogalerien. Hinter vielen dieser
Features verbirgt sich JavaScript – ein guter Grund also, sich mit der
beliebtesten Skriptsprache des Webs zu beschäftigen. Dieses Buch
vermittelt auf verständliche Art den Aufbau und die Arbeitsweise der
Sprache und richtet sich explizit an Nicht-Programmierer, die ihren
Sites Interaktivität einhauchen wollen. Sie lernen die Vielfalt interaktiver Elemente kennen und erfahren, wie Sie sie konkret in JavaScript
entwickeln.

Webdesign mit (X) HTML & CSS

Jennifer Niederst Robbins
mit Farbteil, 480 Seiten, 2008, 39,90 €
ISBN 978-3-89721-782-9

Dieses Buch bietet einen erfrischenden
Einstieg ins Webdesign und macht Sie mit
den modernen technischen Standards
vertraut. Ohne viel graue Theorie lernen
Sie mit (X)HTML und CSS umzugehen und
erproben diese Webtechnologien von Anfang
an mit vielen Übungen. Wichtige Hinweise zur konkreten Einhaltung
der Webstandards und zur Barrierefreiheit sind immer wieder in den
Text eingeflochten.

CSS: Missing Manual

David Sawyer McFarland
520 Seiten, 2009, 39,90 €
ISBN 978-3-89721-890-1

Die Tage, als Webdesign vor allem mit HTML-
Tabellen und Platzhaltergrafiken zu tun hatte,
sind längst vorbei. Cascading Stylesheets
haben sich als Webstandard durchgesetzt und
sorgen dafür, dass Farbgebung, Typografie,
Layout etc. zentral gesteuert werden können.
Dieses Buch erklärt CSS von der Pike auf und lässt Sie das ungeheure
Potenzial entdecken, das diese Auszeichnungssprache mitbringt.
Grundkenntnisse in (X)HTML werden vorausgesetzt. David Pogue ist
erfolgreicher Buchautor und Technik-Kolumnist der New York Times.
Er ist dafür bekannt, dass er technische Inhalte humorvoll, leicht ver-
ständlich und ohne Lobhudelei vermittelt.

CSS – Das umfassende Handbuch, 2. Auflage

Eric A. Meyer
576 Seiten, 2007, 39,90 €, gebundene
Ausgabe, ISBN 978-3-89721-493-4

Eric Meyer, eine international anerkannte
Größe in der CSS-Gemeinde, behandelt in
diesem Buch ausführlich die aktuellen
Standards CSS2 und CSS2.1. Detailliert
beschreibt er alle CSS-Eigenschaften, erläutert, wie sie mit anderen Eigenschaften
zusammenwirken und zeigt anhand vieler praktischer Beispiele, wie sie
angewendet werden. Durch die Referenzen im Anhang zu allen CSS-
Eigenschaften und Selektoren kann dieses Buch auch sehr gut als
Nachschlagewerk verwendet werden.

O'REILLY®

anfragen@oreilly.de • http://www.oreilly.de • +49 (0)221-97 31 60-0

Sicherheit

Netzwerksicherheit Hacks, 2. Auflage

Andrew Lockhart, 528 Seiten, 2007, 39,90 €
ISBN 978-3-89721-496-5

Mit seinen fortgeschrittenen Hacks für Unix- und Windows-Server beschäftigt sich dieses Buch vor allem mit dem Absichern von TCP/IP-basierten Diensten. Daneben bietet es auch eine ganze Reihe von raffinierten hostbasierten Sicherheitstechniken. Systemadministratoren, die schnelle Lösungen für reale Sicherheitsprobleme benötigen, finden hier prägnante Beispiele für Systemhärtung, angewandte Verschlüsselung, Intrusion Detection, sicheres Tunneling, Logging und Monitoring, Incident Response, Firewalling, Sicherheit in WLANs und Privatsphärensicherung.

OpenVPN – kurz & gut

Sven Riedel, 168 Seiten, 2007, 9,90 €
ISBN 978-3-89721-529-0

OpenVPN ist eine freie Software, mit der sich ein Virtuelles Privates Netzwerk über eine verschlüsselte SSL-Verbindung etablieren lässt. Das Buch zeigt, wie Sie OpenVPN installieren und konfigurieren, erklärt die uthentifizierungsmechanismen und typische Szenarien sowie wichtige Sicherheitsaspekte.

Linux iptables – kurz & gut

Gregor N. Purdy, 100 Seiten, 2005, 8,- €
ISBN 978-3-89721-506-1

Mit iptables hat der Netzwerkadministrator ein flexibles Werkzeug zur Hand, mit dem er Pakete über komplexe Regeln filtern kann. TCP/IP-Verbindungen lassen sich so leichter verwalten, ein Port bei einem Angriff schnell schließen und das Netzverkehrsaufkommen analysieren. In *Linux iptables – kurz & gut* findet der Leser eine hilfreiche Orientierung für die komplexe Syntax und Beispielwerte zur optimalen Sicherung des Systems.

SSH – kurz & gut, 2. Auflage

Sven Riedel, 232 Seiten, 2007, 12,- €
ISBN 978-3-89721-523-8

Eine kompakte Referenz zur Verwendung und Konfiguration der SSH-Clients und -Server. Behandelt werden u.a. auch die Schlüsselverwaltung, Port-Forwarding und verschiedene Authentifizierungsmethoden.

Windows Vista Security

Marcus Nasarek, 488 Seiten, 2007, 44,90 €
gebundene Ausgabe
ISBN 978-3-89721-466-8

Windows Vista Security ist ein Leitfaden für die sichere Konfiguration des Vista-Arbeitsplatzes. Vorgestellt werden alle neuen Sicherheitsfunktionen, die vor allem die Härtung des Systems, die Verwaltung von Zugriffsrechten und die Kommunikations- und Datensicherheit betreffen. Als ausgewiesener Sicherheitsexperte verfolgt Marcus Nasarek einen pragmatischen Ansatz: Er stellt Sicherheitskonzepte vor, die lösungsorientiert, einfach umzusetzen und gleichzeitig wirtschaftlich sind. Schritt-für-Schritt-Anleitungen, Checklisten und klare Empfehlungen des Experten runden den praxisbezogenen Charakter des Buchs ab.

Mit Open Source-Tools Spam & Viren bekämpfen

Peter Eisentraut & Alexander Wirt
368 Seiten, 2005, 36,- €
ISBN 978-3-89721-377-7

Mit Open Source-Tools Spam & Viren bekämpfen behandelt die aktuellen Anti-Spam-Strategien, deren Implementierung in die wichtigsten Mail-Programme und erläutert konkrete, erprobte Software-Lösungen auf Open Source-Basis.

Praxisbuch Nagios

Tobias Scherbaum, Michael Gisbers
272 Seiten, 2009, 39,90 €
gebundene Ausgabe, mit CD-ROM
ISBN 978-3-89721-880-2

Mit dem Netzwerkmonitoring-Werkzeug Nagios können komplexe Netzwerke zentral überwacht, Fehlermeldungen automatisch generiert und über beliebige Kanäle verschickt werden. Die CD zum Buch enthält eine lauffähige, angepasste Linux-Umgebung, aus der heraus direkt mit Nagios gearbeitet werden kann. Angefangen beim Nagios-Kern, weiteren Plugins zur Erweiterung des Monitorings, NRPE und NSCA sowie Werkzeugen zur grafischen Auswertung wie PNP und Nagvis, enthält die CD zum Buch eine vollständige Nagios-Umgebung und lädt zum direkten Umsetzen der im Buch beschriebenen Theorie in die Praxis ein.

PHP & MySQL

PHP Design Patterns, 2. Auflage

Stephan Schmidt
512 Seiten, 2009, 39,90 €
gebundene Ausgabe
ISBN 978-3-89721-864-2

PHP Design Patterns zeigt Ihnen, wie Sie
Software mit Entwurfsmustern so konzipie-
ren, dass sie modernen Standards entspricht,
zukunftssicher ist und sich problemlos erweitern
lässt, wenn sich die Anforderungen ändern.
Stephan Schmidt erläutert zunächst einige allgemeine Regeln des guten
Software-Designs, um dann alle wichtigen Design Patterns detailliert
vorzustellen und anhand von Praxisbeispielen gut nachvollziehbar zu
implementieren. Da PHP häufig für die Entwicklung von Webanwendungen
eingesetzt wird, liegt ein Schwerpunkt des Buchs auf Design Patterns in
diesem Umfeld: Der Autor zeigt, wie Websites anhand des Schichtenmodells
sinnvoll aufgebaut werden und in welcher Form hier Enterprise-Patterns
zum Einsatz kommen.

Programmieren mit PHP, 2. Auflage

Kevin Tatroe, Rasmus Lerdorf & Peter
MacIntyre, 592 Seiten, 2007, 44,90 €
gebundene Ausgabe
ISBN 978-3-89721-473-6

Als Erfinder von PHP bringt der Autor Rasmus
Lerdorf natürlich eine besondere Perspektive und
viel Spezialwissen mit, das PHP-Programmierer
in keinem anderen Buch finden werden. In
Programmieren mit PHP erläutern Lerdorf und
seine Koautoren – beide ausgewiesene PHP-Experten – klar und kompakt
Sprachsyntax und Programmiertechniken von PHP anhand zahlreicher pra-
xisorientierter Beispiele. PHP-Programmierer finden hier alles, was sie über
die Generierung dynamischer Webinhalte mit PHP wissen müssen, fortgeschrittene Entwickler können ihr Wissen durch Insidertipps und -techniken
von Rasmus Lerdorf erweitern.

PHP 5 Kochbuch, 3. Auflage

Sklar, Trachtenberg, Lucke, Brusdeylins,
Speidel & Schmidt
912 Seiten, 2009, 49,90 €
gebundene Ausgabe
ISBN 978-3-89721-904-5

Das beliebte *PHP 5 Kochbuch* in vollständig
aktualisierter und erweiterter Neuauflage zu PHP
5.3: Gesammeltes Wissen von amerikanischen und
deutschen PHP-Experten! PHP-Programmierer
finden in diesem Buch hunderte von erprobten
»Rezepten« zur aktuellen PHP-Version 5.3 inklusive Erläuterungen zu den
neuen Features. Dieses Kochbuch bietet mehr als nur Cut-and-Paste-Codestücke:
Die Rezepte erläutern umfassend, wie der Code funktioniert und warum der
vorgestellte Ansatz gewählt wurde. Anstatt mühsam Mailing-Listen oder Online-
Dokumentationen durchforsten zu müssen, können sich Entwickler auf dieses
Buch verlassen, das sie schnell mit Lösungen für zahlreiche Probleme versorgt.

Webentwicklung mit CakePHP

Dirk Ammelburger & Robert Scherer
432 Seiten, 2008, 34,90 €
gebundene Ausgabe
ISBN 978-3-89721-863-5

CakePHP ist der schmackhafte Senkrechtstarter
unter den Rapid-Development-Frameworks für
PHP, mit ihm lässt sich die Entwicklungszeit
von PHP-Applikationen extrem beschleunigen.
CakePHP adaptiert die Konzepte des erfolgreichen
Frameworks Ruby On Rails auf PHP, bietet darüber hinaus aber auch
zahlreiche nützliche eigene Funktionalitäten. Dieses Buch zeigt Ihnen, wie
CakePHP genau funktioniert und wie Sie Ihre Arbeit mithilfe des Frameworks
von Ballast befreien können. Es deckt ein breites Themenspektrum ab:
Ein Crashkurs lässt Sie direkt mit der Webentwicklung starten, danach
lernen Sie das MVC-Modell als Basis für die CakePHP-Programmierung
kennen. Schritt für Schritt werden dann alle Elemente der Erstellung einer
Webapplikation mit CakePHP erläutert. Fortgeschrittene Techniken wie Ajax
oder Internationalisierung runden das Tutorial ab und machen es zum maß-
geblichen Handbuch zu CakePHP.

High Performance MySQL, 2. Auflage

Baron Schwartz, Peter Zaitsev, Vadim
Tkachenko, Jeremy D. Zawodny, Arjen Lentz
& Derek J. Balling, 768 Seiten, 2009 49,90 €
gebundene Ausgabe, ISBN 978-3-89721-889-5

High Performance MySQL ist das maßgebliche
Handbuch, um schnelle, verlässliche MySQL-
Systeme aufzusetzen. Anerkannte Experten mit
langjähriger Erfahrung auf großen Systemem
beschreiben alle Stellschrauben, an den MySQL-
Admins drehen können, um Sicherheit, Performance, Datenintegrität und
Robustheit zu erhöhen. Die zweite Auflage wurde komplett überarbeitet, stark
erweitert und vertieft.

PHP & MySQL von Kopf bis Fuß

Lynn Beighley & Michael Morrison
816 Seiten, 2009, 44,90 €
ISBN 978-3-89721-903-8

PHP & MySQL von Kopf bis Fuß zu lesen ist
wie Unterricht bei einem coolen Lehrer: Das
Lernen macht plötzlich Spaß und Sie freuen
sich tatsächlich auf die nächste Stunde. In diesem abwechslungsreichen und visuell anspre-
chenden Arbeitsbuch erfahren Sie ganz prak-
tisch, wie Sie mit PHP und MySQL schnell eine datenbankbasierte Website auf
die Beine stellen. Machen Sie sich die Hände schmutzig und bauen Sie sofort
echte Anwendungen wie eine High-Score-Liste für ein Computerspiel oder
eine Online-Dating-Site. Wenn Sie dieses Buch durchgearbeitet haben, sind
Sie gut gerüstet und wissen, wie man Formulare validiert, mit Sitzungs-IDs
und Cookies arbeitet, Datenabfragen und Joins durchführt, Dateioperationen
vornimmt und vieles mehr.

O'REILLY®

anfragen@oreilly.de • http://www.oreilly.de • +49 (0)221-97 31 60-0

Job & Business

slide:ology oder die Kunst, brillante Präsentationen zu entwickeln

Nancy Duarte
296 Seiten, 2009, 34,90 €
ISBN 978-3-89721-939-7

Dieses Buch beschäftigt sich mit der visuellen Seite der Kommunikation und vermittelt, wie Sie Ihre Ideen kondensieren und in informative Folien einfließen lassen. Verständliche Diagramme und Infografiken, die Unterstützung der Aussagen durch Farben, Bilder und prägnanten Text und nicht zuletzt der lebendige Vortrag selbst sorgen dafür, dass Sie den Fokus auf das lenken können, worauf es wirklich ankommt: Ihre Ideen und Visionen.

Social Media Marketing – Strategien für Twitter, Facebook & Co

Tamar Weinberg
408 Seiten, 2010, 29,90 €
ISBN 978-3-89721-969-4

Dieses Buch bietet einen exzellenten Überblick über die verschiedenen Plattformen des Social Web und zeigt anhand konkreter Szenarios und Fallstudien, welche Möglichkeiten sie Unternehmen und Organisationen eröffnen. Die deutsche Ausgabe wurde von der Social Media Marketing-Expertin Corina Lange um Beschreibungen von Trends und Angeboten ergänzt, die hierzulande eine große Rolle spielen – von XING bis hin zu den VZ-Netzwerken.

Bekenntnisse eines Redners. Oder die Kunst, gehört zu werden

Scott Berkun
256 Seiten, 2010, 24,90 €
gebundene Ausgabe
ISBN 978-3-89721-993-9

Das Reden vor Publikum zählt zu den Dingen, vor denen sich Menschen am meisten fürchten. Gleichzeitig steht fast jeder eines Tages vor der Herausforderung, einen Vortrag halten zu müssen. Dieses unterhaltsam geschriebene Buch setzt alles daran, Ihnen die Angst zu nehmen. Bestseller-Autor Scott Berkun hat dafür seine 15-jährigen Erfahrungen als Redner auf Konferenzen kondensiert und lässt Sie an seinen Erfolgen, aber auch an den Pannen teilhaben. Praktische Tipps zur Überwindung schwieriger Situationen runden das Buch ab.

Die Kunst des IT-Projektmanagements, 2. Aufl.

Scott Berkun
464 Seiten, 2009, 39,90 €
ISBN 978-3-89721-921-2

Softwareprojekte zu managen ist eine echte Herausforderung: Termine, Kosten und Qualität muss ein Projektmanager im Blick haben, und gleichzeitig das Projektteam von den ersten Planungen bis hin zum Projektabschluss motivieren, koordinieren und leiten. Hier setzt Scott Berkun an: Praxisorientiert und witzig beleuchtet der erfahrene Autor und Projektmanager die klassischen Aufgaben, Facetten und Mechanismen des Projektmanagements. Die 2. Auflage wurde komplett überarbeitet und um einen praktischen Übungsteil an jedem Kapitelende ergänzt.

Das IT-Karrierehandbuch, 2. Auflage

Martina Diel
320 Seiten, 2009, 24,90 €
ISBN 978-3-89721-923-6

Das IT-Karrierehandbuch ist ein unerlässlicher Ratgeber für diejenigen, die am Anfang ihrer beruflichen IT-Laufbahn stehen. Die Autorin regt zu Beginn zu einer strukturierten Selbsterforschung an, um zum bestmöglichen Berufswunsch zu gelangen. Anschließend werden wirksame Strategien dargelegt, um den Traumjob zu ergattern. Gespickt mit unzähligen wertvollen Tipps, Erfahrungsberichten, Interviews mit Entscheidern, Adressen und wichtigen internen IT-Brancheninfos. Die 2. Auflage wurde komplett überarbeitet und aktualisiert. Ein Kapitel zu Online-Reputation wurde ergänzt.

Zeitmanagement für Webentwickler

Thomas Steglich
240 Seiten, 2009, 24,90 €
gebundene Ausgabe
ISBN 978-3-89721-882-6

Webprojekte nehmen häufig eine dynamische Entwicklung, die nicht von Anfang an abzusehen ist. Dabei den Überblick zu behalten, ist nicht immer leicht. Dieses Buch stellt Ihnen verschiedene Techniken der Selbstorganisation und des Zeitmanagements vor, die Ihnen dabei helfen, Ihren Arbeitsalltag flexibel und solide zu planen. Sie erfahren, wie Sie Akquise, Projektplanung und -umsetzung besser organisieren und mit einer guten Auswahl an Tools mehr System in Ihre Arbeitsweise bringen.

O'REILLY®

anfragen@oreilly.de • http://www.oreilly.de • +49 (0)221-97 31 60-0